JN143896

南シナ海領土紛争と日本

矢吹 晋

花伝社

南シナ海領土紛争と日本◆目次

序章　領海ナショナリズムの連鎖

日中外相のさやあて――アセアン地域フォーラム閣僚会議にて

二〇一五年八月六日からマレーシアの首都クアラルンプールで開かれた東南アジア諸国連合（ASEAN）地域フォーラム（ARF）閣僚会議で、中国の王毅外相は、岸田外相に次のように発言して話題になった。王毅は、中国による南シナ海のスプラトリー諸島での「岩礁埋め立て」を批判する岸田外相に対し、日本政府が沖ノ鳥島で進めている港湾施設整備を取り上げて反論したのだ。王毅は、中国の岩礁埋め立てについて「合法的権利はない」などと指摘した岸田に対して「まず日本が何を行ったか見るべきだ」と切り返し、「日本は一〇〇億円を投じて沖ノ鳥島に人工島を造成し、その後、国連に対して沖ノ鳥島を中心に二〇〇カイリの排他的経済水域（EEZ）設定を要求したではないか。これに対して、国連の多くのメンバーは日本の主張を理解できず、受け入れていない」と指摘した。

王毅は一〇〇億円という金額を出したが、じつは予算は概算七五〇億円だ（本書第2章）。王毅が「日本は沖ノ鳥島を中心に二〇〇カイリの排他的経済水域設定を要求したが、国連の多くのメンバーは日本の主張を理解していない。受け入れていない」というのは、日本が二〇〇八年に国連の大陸棚限界委員会に対して、九州・パラオ海嶺南部海域の排他的経済水域と大陸棚延伸を申請したものの、二〇一二年に同委員会が出した「勧告」で、この申請が先送りされた事実を指す。申請の経緯と審議の経過、そして申請が「先送り」された事情は本書第2章で詳細に論じた通りである。問題は、日本政府のいう「先送り課題」がいずれは日本の主張として認められることがありうるのか、それとも棚上げの続くロッコール島の運命か。筆者の理解する限り、①島の浸食および②国際的環境という二つの条件に照らして、状況は圧倒的に日本に不利だ。

可能な唯一の道は、これまでの日本とこの島との関わりの歴史を尊重して、島の定義に幅をもたせて解釈する方向である。この場合に、日本は説得により、隣国中国と韓国の同意を得ることが必須の条件となろう。日本に最も近い二つの隣国が強く反対している事柄が国連大陸棚限界委員会で多数の支持を得られないことは火を見るよりも明らかではないか。この事実から目を背けてはならない。

王毅が「国連の多くのメンバーは日本の主張を理解できず、受け入れていない」と指摘しているのは、「勧告」が日本の申請を先送りした理由として「中国と韓国の反対」を挙げている事実を想起するならば、意味深長であろう。つまり日本政府は、直接的利害関係のない南シナ海の「岩礁埋め立て」に干渉して、逆に、中国側の沖ノ鳥島埋め立て反対の意志を固めさせたのだ。

じつに愚劣極まりない。これはほとんど「外交以前」というべきであり、利害得失をまるで忘却した精神疾患患者の行動に比するほかない。

周知のように、日本政府は、「中国の海洋進出に対抗するため」と称して、沖ノ鳥島を安全保障上の要衝と位置付け重視してきた。ところが、国連の大陸棚限界委員会は二〇一二年、四国海盆海域などについて二〇〇カイリを超えて最大三五〇カイリまで認められる大陸棚延伸を認める勧告を採択したが、「沖ノ鳥島は『島』ではなく『岩』だ」（中国の口上書は「沖之鳥礁」と呼び、「沖之鳥島」の表記を行わない）とする中国や韓国の異議申し立てに遭って、大陸棚限界委員会は中韓の主張を考慮して、九州パラオ南部海嶺海域についての日本の申請を先送りしたのだ。

大陸棚限界委員会自体は海洋法七六条八項によって設けられる組織であり、もっぱら七六条「大陸棚延長」の各国申請を検討するものであって、五七条に定められた排他的経済水域の問題、一二一条の「島の定義」を扱うものではない。とはいえ、この先送りは論理の赴くところ、九州パラオ南部海嶺海域の延長大陸棚の根拠とされる沖ノ鳥島を中心とする二〇〇カイリ排他的経済水域に疑問を呈することにつながる。

大陸棚限界委は「先送り」としたが、状況をみれば、三分の二必要な「審査を求める」票決が「賛成五票、反対八票、棄権三票」で否決されたのであり、「沖ノ鳥島は『岩』ではないか」という中国や韓国の主張が委員会の空気を決めるうえで重要な役割を果たしたことが察せられる。いいかえれば、中国や韓国が異議を唱え続ける限り、日本の申請が認められる可能性はほとんどあるまい。

日本のマスメディアは真実を報道しないので、国民には真相はわからない。著者がこの分野の専門家ではないにもかかわらず、本書の執筆を志したのは、この秘密を書いた類書が見当たらないからだ。真実を無視した領海ナショナリズムが日本を亡ぼすことを著者は憂えている。

「日本の新南群島、西沙諸島の放棄」の意味

王毅は南シナ海諸島に関して、「七〇年前に中国はカイロ、ポツダム両宣言に基づき、日本に違法に占領された南沙、西沙両諸島を法に基づき奪い返し、主権を回復した」と訴えた。この論点は正しいか。

本書第1章で詳論するが、現在のスプラトリー諸島は、かつて日本が実効支配し、台湾総督府が管轄していた。日本の敗戦に伴い、一九五二年に結ばれた日華平和条約第二条には「日本国は、一九五一年九月八日にアメリカ合衆国のサン・フランシスコ市で署名された日本国との平和条約第二条に基き、台湾及び澎湖諸島並びに新南群島及び西沙群島に対するすべての権利、権原および請求権を放棄したことが承認される」と書かれている。西沙群島とは、現在も使われている地名なのでこれがパラセル群島を指すことは、容易にわかる。だが「新南群島」とは何かを直ちに答えられる人は少ないかもしれない。ところが、第二条の英訳を見ると、一目瞭然であり、いまでは死語と化した「新南群島」とは、じつはスプラトリー諸島に対して日本が命名した島嶼名な

のだ。

この条約は、日本が中国大陸を支配する中国共産党との間に結んだ条約ではなく、内戦に敗れた中国国民党の蔣介石政権と結んだ条約だ。北京当局は自ら結んだものではなく、政敵の結んだ条約であるために、この条約に直接言及することを避けてきたきらいがある。「中国は日本に違法に占領された南沙、西沙両諸島を法に基づき奪い返し、主権を回復した」と語る王毅の言は、スプラトリー問題もまた帝国主義日本の敗戦処理と深く関わることを忘れたかのごとき態度でこの問題を扱う日本政府へのいらだちを秘めているのだ。これも歴史認識というよりは、歴史忘却の一コマである。

王毅はこのほか、南シナ海での①埋め立て、②建設、③挑発的行動の「三つの中止」を提案した米国務長官ケリーに対し、「停止の内容や基準は何か、各国で主張が違い、実行可能性に乏しい」と一蹴した。

図1は英『エコノミスト』が掲げたものだ。これによると、埋め立て工事（reclamation work）をやっているのは中国だけではない。中国のほかに台湾もベトナムもマレーシアもフィリピンもそれをやっており、滑走路建設も中国だけではなく、台湾、ベトナム、フィリピン、マレーシアが以前から行っている。中国のスプラトリー諸島海域作戦は遅れて始まり、他の諸国の埋め立てはほとんど終わったときに、すなわち二〇一四〜二〇一五年にかけて急激に行われた。

日本敗戦から数十年に及ぶ沿岸諸国の実効支配競争と先行する滑走路建設は不問に付して、遅

図１　『エコノミスト』が掲げた南シナ海実効支配競争
——沿岸諸国の埋め立て工事と滑走路建設——

出所）『エコノミスト』2015 年 3 月 2 日号をもとに作成。

注１）　飛行機印は滑走路有り。中国のみならず、フィリピン、ベトナム、マレーシアの各国が南沙諸島の埋め立て工事を行っており、台湾をふくめ各国が滑走路・港湾設備を整備している。

注２）

・ベ＝ベトナム、フィ＝フィリピン、台＝台湾、マ＝マレーシア

・中①～中⑦は、中国が埋め立てている岩礁。①スビ礁（渚碧礁）、②ガベン礁（南薫礁）、③ファイアリー・クロス礁（永暑礁）、④クアテロン礁（華陽礁）、⑤ミスチーフ礁（美済礁）、⑥ヒューズ礁（東門礁）、⑦ジョンソン南礁（赤瓜礁）

れてこの競争に参加した中国のみを非難し、攻撃するのは明らかにフェアな態度ではない。この点で米国と距離をおく英誌の図1は比較的公平な態度をとろうと努めていることが察せられる。

著者は二〇一二年に書いた『チャイメリカ――米中結託と日本の進路』のなかで、「米中結託」をキーワードの一つに選んだ。ところが、その後、「米中結託」よりは「米中対決」が基調となったかに見える。米中関係の核心は「結託」ではなく「対決」ではないかという見方が広く行われている。著者によれば、これはメダルの表と裏である。どちら側から見るかによって見方は変わる。日本政府は米国政府に追随して、反中国を煽っているため、日本のメディア等は「対決」論一色だ。「攻撃的中国」の横暴に対して、日米協調により、「中国を封じ込める」と称する倒錯した議論が日本を席捲している。

だが、これは特殊日本的な偏見、謬論にすぎない。ベトナムやフィリピンは、スプラトリー諸島の領有をめぐって中国と鋭く衝突しているが、両者ともに中国の提唱するアジアインフラ投資銀行には「創設国」として参加し、中国の提唱する「一帯一路」構想がグローバル経済の発展に役立つとする認識で一致している。アジアインフラ投資銀行の可能性を否定して、参加を拒否して、外野席で悪口ばかり繰り返す日本とは大違いなのだ。ベトナムもフィリピンも国益を第一に考慮して、近隣の大国とのつきあいを慎重に模索している姿の一端をこの一例からうかがうことができよう。

中国の海洋進出の背景

中国の海洋進出政策について、内外に大きな誤解がある。曰く、中国は人口大国ではあるが、資源小国だ。一人当たりで見ると、資源の小さなことは誰の目にもわかる。これから経済成長を続けていくためには、資源の確保がきわめて重要だ。そのためには、軍事力の拡大が不可欠である。中国は天安門事件以来、軍事予算を毎年二桁のスピードで増やしてきた。いまや中国は軍事大国であり、その軍事力を活用して、世界中の資源を「爆食」している。このような中国の行動を容認することは、ヒトラーの膨張主義に寛容であったチェンバレンの宥和政策の愚行を繰り返すことになる。現代史における対ナチス宥和政策の失敗を活かして、日本は中国の活動を「封じ込める」ために、米国とともに努力すべきである、云々。

この種の封じ込め論の旗手が安倍首相である。安倍は首相就任以来、「価値観外交」「地球儀を俯瞰する外交」等々のキャッチフレーズを繰り返し、それが日本の主流メディアの紙面に踊っている。しかしながら、その文字面から透けて浮かぶのは、「中国封じ込め」の一語であり、その原形は“Asia's Democratic Security Diamond”である。このタイトルを直訳すれば、「アジアの民主主義的安全保障の菱形構造」、あるいは「アジアの民主主義的菱形安全保障構造」である。これは二〇一二年一一月中旬、総選挙の直前に執筆され、「プロジェクト・シンジケート」Project Syndicate というチェコのホームページに発表された。総選挙で大勝し、首相に就任したのは、この論文を発表してからおよそ一カ月を経た一二月二七日である。時期からして「施政方針の基調」を述べたものと受け取られるのは当然だ。

　安倍は、二〇〇七年夏にインドを訪問した際、ムガール帝国のダーラー・シコー親王のことば「インド洋と太平洋を結ぶ」（*Confluence of the Two Seas*）を用いてスピーチした。一六五五年の故事を踏まえて「二一世紀の中国封じ込め」のために、「インド洋と太平洋を結ぼう」と呼びかけたのであるから、そもそも大いなる時代錯誤だ。しかも悪いことに、この演説は英語で「一五四ヵ国の三億人の読者」に語りかけたにもかかわらず、肝心の日本国民には伝えなかった。のちに、「日本の外交は民主主義と法治と人権尊重に根ざす」（Japan's diplomacy must always be rooted in democracy, the rule of law, and respect for human rights.）と繰り返したこの演説の邦訳は、安倍晋三著『日本の決意』（新潮社、二〇一四年四月）に収められた。宣伝コピーに曰く、「『古い日本を新しく、新しい日本を強くする』。安倍総理の世界に向けたメッセージには、日本が進むべき道を示す確かな指針がある。ワシントンでの日本の復活宣言、アジア諸国に対する外交新五原則、積極的平和主義への決意、そしてオリンピック招致演説まで、総理就任以来の主要外交スピーチを一挙掲載」とある。

尖閣国有化のもたらしたもの

　石原慎太郎の挑発に乗せられた野田佳彦政権による尖閣国有化以後、日中間の相互不信は空前に高まり、二〇一二〜二〇一五年の四年間は敵国同士の罵倒合戦が繰り返された。日本側の国有化に対して、中国当局は公船を繰り返し派遣して威嚇を続けた。その結果、日本の世論は圧倒的な反中ムードに覆われた。中国がどれほど国際法を無視して、乱暴な振る舞いを行い、世界中の顰蹙を買っているか、といった類の悪口は日本のマスメディアに溢れた。隣国関係の悪化はまさに「ニワトリとタマゴの関係」そのものだ。因果はめぐるものであるから、それについて一方だけ責めるのはフェアではない。

だが、率直にいえば、今回の罵倒、対決合戦の口火を切ったのは、やはり日本側である。むろん、日本側が尖閣の国有化という（寝た子を起こす）措置を行ったのは、中国側の対日政策に行き過ぎがあったことが、日本の民族主義を刺激し、彼らの行動に一見正当性があるように見せたことも事実である。この点については、中国側も十分に反省して欲しい。

ただし著者が自らに課した課題は、ケンカ両成敗ではない。罵倒、対決路線の過程で、見失われた中国側の対日政策のいくつかに光を当てて、改善を模索する一助とすることである。私見によれば、日本側が尖閣国有化を行ったことは、中国当局に二つの重大な決断を下す契機を与えたことが重要だ。

一つは、東シナ海の大陸棚延伸について、国連大陸棚限界委員会に対して、申請を行ったことである。韓国はこれに追随した。もう一つは、沖ノ鳥島埋め立ての「教訓」を模倣して、南シナ海における埋め立て強行を行ったことである。

東シナ海については、中国は二〇〇九年に予備申請を行っていたから、その準備が整ったため、とする解釈もありえよう。然り、日本外交にもし先見の明があるならば、この「予備申請レベル」で止めてもらい本申請を回避する。後は日中間の協議によって妥当な解決を図る道が残されていたはずだ。二〇一二年に正式申請をしたからには、折衝がより難しくなったのは当然だ。

南シナ海の埋め立ても「尖閣問題と関わりなし」とみる見方もありえよう。だが、王毅は二〇一五年八月六日、クアラルンプールで沖ノ鳥島埋め立ての例に敢えて言及しつつ、日本外相に対して、「埋め立ての前例を作った日本」に、中国の埋め立てを「批判する権利なし」と反駁したのだ。これは明らかに「負の連鎖」だ。日本では、南シナ海における埋め立てを行っている中国が沖ノ鳥島埋め立てに反対するのは、ダブルスタンダードという中国批判が繰り返されたが、ここでは因果関係は逆だ。日本の埋め立ては、二〇世紀末のこと、中国の埋め立ては二一世紀初だ。

中国は要するに、日本という先達の「悪しき実例」の模倣をより徹底的に実行していることになる。これは一九世紀以来の日中関係全体についていえる観察であり、因果関係は逆ではない。ヘレン・ミアーズは『アメリカの鏡・日本』において、第二次大戦前の日本が米国の模倣をして、米国の政策に似せて大陸政策を進めたのであるから、非の一部は米国自身が負うべきだと書いた。ミアーズの分析は、日本が現在行っている対中政策を反省する不可欠の視点を提供するものだ。

時間の先後関係を少し遡る。一九五二年の日華条約でスプラトリー諸島の帰属が曖昧にされたとき、北京政府の立場は微妙であった。これは政敵の結んだ条約だからだ。これをそのまま認めるわけにはいかない。しかしながら、この条約によって、「日本がスプラトリーを放棄した」ことが国際法的に認められた事実は、否定しがたいことだ。その後、フランスから独立したベトナム、アメリカから独立したフィリピン、イギリスから独立したマレーシア等の沿岸国が、それぞれに実効支配を進める過程で、中国は（西沙諸島は別として）南シナ海においては、当時の弱い海軍力のもとで、なすすべがなかった。中国が少しずつ動き出すのは、一九七一年に国連において安全保障理事会の常任理事国のメンバーとなり、八〇年代半ばに国連のイニシャチブのもとで海面水位観測のための観測地点を南シナ海に建設する工事を引き受けて以来のことだ。

こうして遅れて「実効支配競争」に乗り出した中国には、海洋法一二一条「島の定義」に合致するものは一つとして残されておらず、「岩礁」だけが残されていた。そこから中国流の「岩礁の人工島化」作戦がスタートする。海洋法によれば、岩礁にも人工島にも「島のもつ特権」すなわち二〇〇カイリの排他的経済水域や二〇〇カイリを超える大陸棚延伸の権利はない。しかしながら、ここで「人工島」という拠点が設定できるならば、この既成事実は、漁業においても、海上交通においても、地下資源の開発においても、そして境界画定交渉においても発言力を生むことは明らかだ。こうして中国は二〇世紀八〇年代後半から九〇年代、二一世紀初頭にかけて、三〇年近くさまざまな条件を検討してきた挙句、最後に埋め立て強行に踏み切った。

そのとき中国の海軍はすでに空母をもち、中距離ミサイル部隊によって守られるだけの実力を備えていた。加えて、海底石油資源の掘削のために開発された掘削船はすでに世界三位、アジア一位の実力をもつ「天鯨号」が技術陣の筆頭にあった。このように条件が整い、あとは決断あるのみ、という時点で、日本は尖閣の国有化によって、中国の決断の契機を作ったことになる。

この文脈でも、日本による尖閣国有化措置は、歴史に逆行する暴挙であった。著者が中国研究者の良心にかけてこの分析に取り組んだのは、いわば宿命であったかもしれない。いま第二次世界大戦後の事態をスケッチしたが、アヘン戦争以後、百数十年の屈辱の歴史を顧みるならば、現在の中国の人々の胸に去来するのは、劣等感の克服とにわかに手にした経済的軍事的政治的優位性のもとで、文字通り感情をコントロールしかねるほどの心理的に屈折した、アンビバレントなものであろう。

他方で、このように長い眠りの末にようやく覚醒した中国と世界がどのようにつきあうのか。それも暗中模索であろう。オーストラリアの戦略家ヒュー・ホワイトは *The China Choice*（『中国の選択』）を書き、米海軍の戦略家ライル・ゴールドスタインは *Meeting China Halfway*（『道の真ん中で中国と出会う』）を書いた。前者は中国という対象を西側はどのように選ぶか、それによって中国の西側との対応の仕方も変わる。この文脈での『中国をどう選択するか』である。後者は少し意訳して『中国と歩み寄る』と訳す。勃興する中国と他の世界とが互いに「歩み寄って」平和な二一世紀社会を共に建設するには、何が必要か、それを論じたものだ。著者はこの二冊の本を畏友スチーブン・ハーナーの勧めで読み、深い感銘を受けた。然り、われわれはいま彼らの分析から学び、中国とのつきあい方を巧みに処理しなければならない。

第１章　南シナ海南沙諸島紛争

「尖閣騒動が南の海に移ってひと安心だ。中国の公船も限りがあるから、南の騒ぎが多忙のため、尖閣への公船は減るのではないか」。こんな呑気な見方が日本では少なくない。じつはいま日本とは無縁だと見られているが、かつてこの地域を日本が管轄した歴史がある。昭和一三年一二月二三日付で閣議決定された「新南群島の所属に関する件」という文書（図１）を見て驚く読者もあろう。これらの諸島に「新南群島」と名付け、台湾総督府が管轄していたこと、日本がそれを放棄したのは一九五二年に蔣介石政権と結んだ日華平和条約によること、この条約では、日本が放棄した後の帰属について何も決めていないこと、等を知るならば、南シナ海における紛争が日本とまるきり無縁ではないことがわかる。

それだけではない。なぜ日本は一九五二年の日華条約に「新南群島」を放棄すると書き込んだのか。その理由は「新南群島は台湾総督府が管轄する」と内外に言明していたからだ。では、なぜ尖閣では『官報』にさえ書かなかった領有問題を、新南群島については公表したのか。それはフランスが一時この諸島を「仏領インドシナの所轄とする」と公表したのに対抗して、このように宣言したわけだ。そしてこの証拠文献を直接的契機として、日本はポツダム宣言の受け入れと同時に、その放棄を迫られた。

これに対して尖閣の場合は、中国（清国）等の反発を予想して、「閣議で決定しただけで、先占を宣伝しなかった」経緯がある。このような経緯の違いのために、新南群島は日本の手から離れたが、尖閣は敗戦処理との関係が曖昧で依然紛争のタネになっている。尖閣諸島は台湾の北部に近く、新南群島ははるか南に位置する。両者の扱われ方の異同を分析するならば、ともに日本帝国主義の戦後処理問題と深く関わることに気づく。

第1節　南シナ海紛争の沿革

1　日本帝国主義の新南群島領有（一九三八〜一九四五年）

昭和一三年（一九三八年）一二月二三日に閣議決定された「新南群島の所属に関する件」という文書には、今日の南沙諸島をめぐる日仏帝国主義の争奪戦が次のように描かれている。

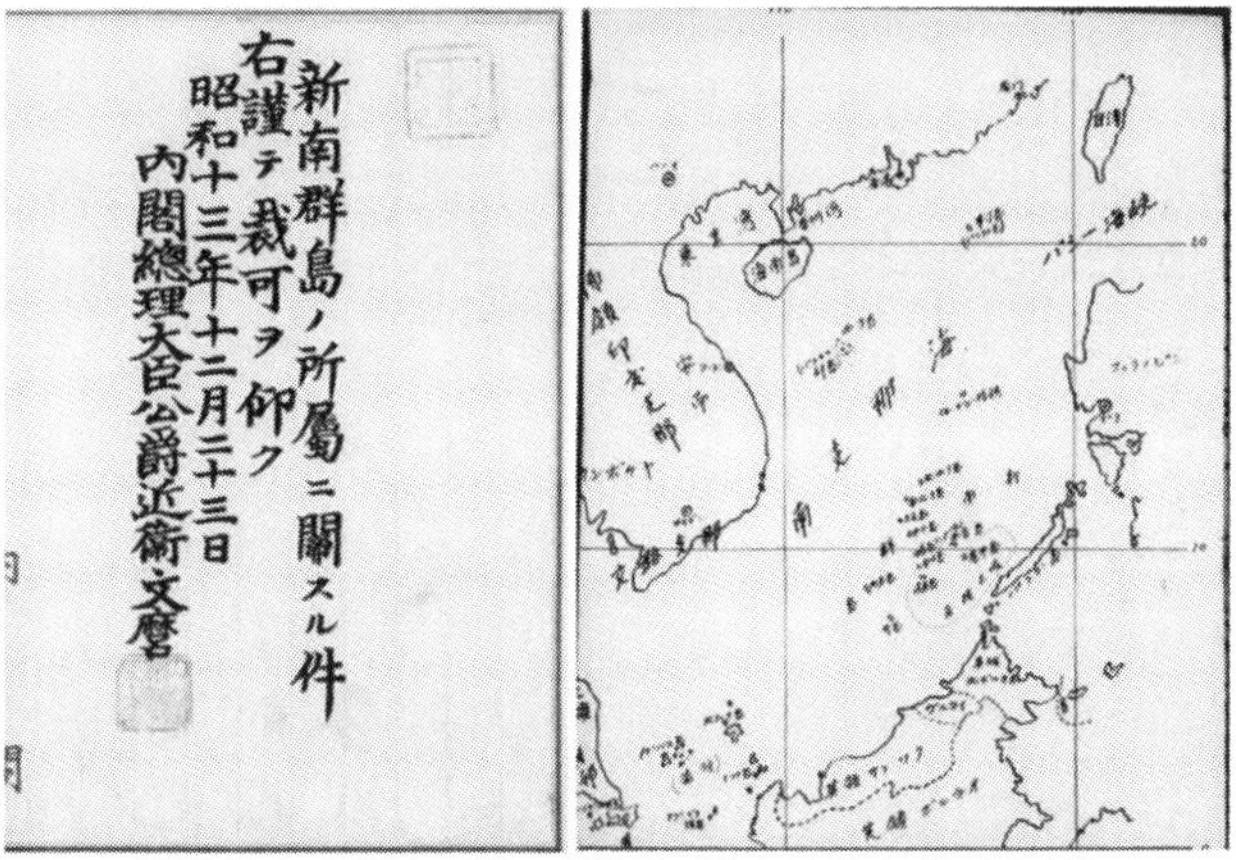

図1　閣議決定「新南群島の所属に関する件」(1938年)
出所）国立公文書館アジア歴史センター

表1　日本政府が名付けた南沙諸島の島々
――「新南群島の所属に関する件」による――

日本政府が付けた島嶼名	従来もしくは現在の名前	今日実効支配している国
北二子島（キタフタゴシマ）	ノースイースト島（パローラ島）	フィリピン
南二子島（ミナミフタゴシマ）	サウスウエスト島	ベトナム
西青島（ニシアオシマ）	ウエストヨーク島	フィリピン
三角島（サンカクジマ）	ティツ島（パガサ島）	フィリピン
中小島（ナカコジマ）	ロアイタ島	フィリピン
亀甲島（キッコウジマ）	フラット島	フィリピン
南洋島（ナンヨウジマ）	ナンシャン島（ラワク島）	フィリピン
長島（ナガシマ）	イツアバ島（太平島）	台湾（中華民国）
北小島（キタコジマ）	ソンカ島	ベトナム
南小島（ミナミコジマ）	ナムイット島	ベトナム
飛鳥島（アスカジマ）	シンカウ島	ベトナム
西鳥島（ニシトリシマ）	スプラトリー島(チュオンサ)	ベトナム
丸島（マルシマ）	アンボイナ砂州	ベトナム

注）順序は、南沙諸島のほぼ北から南へと配列されている。

――いわゆる新南群島は従来「無主の島嶼」として知られ、一九一七年以降本邦人は巨額の資本を投下し恒久の施設を設けて仏国を含む外国人がこれを顧慮せざる中にありて、日本帝国政府の承認と援助の下にその開発に従事しおりたるところ、一九二九年経済不況のため施設をそのまとし一時本邦人が群島を引揚げた。これに乗じて仏国政府は一九三三年突如軍艦を派して占領し、「国際法上無主の土地なり」との議論に基づき七月一五日付をもって仏国主権に帰属すべき旨を宣言し、仏領インドシナ政庁の所轄とした。

――一九三六年本邦人が再び同群島において開発に従事するや、仏国政府は本件島嶼における仏国主権を主張し、本邦人に対して仏領インドシナ法規を適用すべき旨を主張し、一九三八年七月以降は仏国商船を派遣し、人員資材を上陸し施設を構築し、もって同島における行政を現実に行わんとするに至った。

――日本帝国政府は従来の権原を明らかにし、仏国政府の高圧策に対抗するために、仏国が領土権を主張する諸島および新南群島が日本帝国の所属たることを確定する必要に迫られた。そこで新南群島諸島は日本帝国の所属たるべきをもって、別紙の新名称の下に台湾総督府の所管とする。

一九四一年一二月八日に日本軍が、真珠湾を攻撃し、コタバル上陸を敢行し、翌四二年五月にアメリカ軍がフィリピンから撤退すると、南シナ海周囲はほとんどが日本軍の支配下となった。

歴史上例のないことであった。「南シナ海は『日本の湖』となり、この状態は一九四五年一月まで続く」（ビル・ヘイトン『南シナ海』）。

第二次大戦の初期段階で日本帝国主義が西太平洋に「日本の湖」を造ったことは、とりわけ米国に大きな衝撃を与えた。そして米国は、第二次大戦に勝利した後、太平洋全体を「米国の湖」とすることにあらゆる努力を傾注した。この「米国の湖」と化した太平洋において、いわば焦点に位置したのが沖縄列島であり、特に米ソ冷戦の時代には、沖縄の米軍基地が決定的な役割を果たして、一時は核兵器のかなりの部分が沖縄に集中されたといわれる。そしてこの「米国の湖」は二一世紀初頭に中国が台頭するや、西太平洋が「中国の湖」と化しつつあり、米中の対抗と協調は、二一世紀東アジアの基調となった。このような鳥瞰図を描きながら、南シナ海の動きをフォローしていく。

2　日本敗戦直後の「南海諸島」の行方

一九四五年夏、日本がポツダム宣言を受諾して降伏したとき、台湾や澎湖列島を放棄したことはよく知られているが、この際に新南群島も放棄したことは、ほとんど忘れられている。米国は大戦中から対日領土処理を検討していた。

一九四三年五月二五日付で準備された領土小委員会で検討されたＴ３２４文書「南沙およびそ

の他諸島（新南群島）」には、「新南群島が一八九八年一二月一〇日の条約で設置されたフィリピン国境の外にあるのは明白」という記述が見られる。ちなみに四三年当時、フィリピンはアメリカの植民地下にあり、独立は一九四六年となる。

一九四四年一二月一九日、ヤルタ会議を前にして準備されたCAC301文書「南沙およびその他諸島（新南群島）」には、「米国は自国のためにも、フィリピンのためにも当該諸島に対する権利の主張をしたことはない」と記述していた。曰く「当該諸島は、日本の支配下では他の国々にとって脅威であるが、日本が排除されれば、戦略的であれ、経済的であれ、どの国あるいは領地にとってもまったく重要性をもたなくなる。カイロ宣言により、日本が戦後それらの領土の保持を認められないことは明白である。その自然的特徴からして、これらの諸島、小島、砂州および浅瀬に対して国家主権を請求することの妥当性には問題がある。中国、インドシナおよびフィリピンという周辺地域、にとって、また自国の船舶が南シナ海を航行するすべての国にとって重要性をもつ。」

CAC301文書「南沙およびその他諸島（新南群島）」の提言は以下のごとくである。「新南群島を構成する岩礁および浅瀬は、計画されている国際機関の下に置き、国際的に混成された委員会、単一国家または複数国を行政当局として指定することを勧告する。この区域の主要諸島に対するフランスの主権請求を排除するには、この措置へのフランス政府の承認が法的に必要だと認められる。」

　ＣＡＣ文書は西沙諸島についても準備された。一九四四年一二月一四日付ＣＡＣ３０８文書「西沙諸島」である。この文書では、係争国たるフランスと中国の主張について、フランスよりは中国の主張のほうが歴史的正当性は高いと認めている。この文書は、①国際機関の下に置く、②中国とフランスの二ヵ国協定、③中国帰属、という三つの選択肢を挙げているが、フランス帰属という選択肢はない。

　一九四六年六月二四日付ＳＷＮＣＣ５９―１「旧日本支配下の委任統治領および諸離小島の信託統治および他の処理方法に関する方針」では、帰属先決定や国際管理に関する試案はなく、南沙諸島についてのみ、「日本が主張したすべての権利および権原」は、南極と一緒に「日本により放棄されるべき」とされ、信託統治下に置かない地域に分類されていた。西沙諸島の文字は、ここにはない。同年二月一四日に国務省部局間極東地域委員会で行われた検討会の議事録によれば、対日処理に直接関係するのは南沙諸島であり、日本の請求権は平和条約のなかで排除されるべきだ。しかしながら、日本が公式に領有を主張したことのない西沙諸島はこの処理の対象外である。またこれらの諸島を国際機関の管理下に置くことにフランスが同意しない可能性がある。それゆえ「島嶼の主権問題については、日本の請求権の排除を決定すればよい」と認識していた。

　しかしながら、一九四七年三月の平和条約初期草案では、「日本国は東沙、南沙および西沙諸島に対する、また南シナ海における他のすべての諸島に対する請求権を放棄する」と書かれ、ＳＷＮＣＣ５９―１の方針を変更している。すなわち草案の起草者である情報研究室地理学特別顧問サミュエル・ボッグズから極東局のロバート・フィアリーに宛てた解説によると、一九三八年の日本の閣議決定に「箔を付けないために」、諸島の言及には意図的に「新南群島」という日本語名の記述を避けたのであった。

そして一九四九年一二月二九日条約草案では、南海諸島は旧日本委任統治領および南極と一緒に、主権の帰属先が不明確な領土は同じ条項中で扱われ、日本による放棄が規定された。同じ日にトルーマンは、NSC48―2を承認し、翌年一月にはアチソン・ラインが発表された。こうして独立をはたしたフィリピンはアメリカの冷戦戦略にとってより重要な位置を占めることになった。一九五〇年、朝鮮戦争が始まり、冷戦が激化する過程で作成されたダレスの草案と七原則では、南極とともに南海諸島の処理規定は消えた。これは日本への精神的不利益を避けるために、領土放棄規定を廃止すべきだとする前年一一月のシーボルト提案を採用したからだ。七原則に対するオーストラリアからの質問について国務省内で準備された回答は南海諸島についてこう記述していた。

「条約は一九四七年に中国が主権を公式に再主張した東沙礁および諸島、フランスと中国の間で主権が争われた南沙および西沙諸島に関する言及を含まない。日本も戦前に南沙諸島を主張したが、この非居住地に対する主張は、条約内で言及するほど重要ではないと思われる。」

一九五一年四月までに英国が準備した対日平和条約草案には、南海諸島の処理規定はなかった。英米折衝の末、五月三日に作成された英米共同草案にも南沙および西沙諸島の処理規定はない。

一九五一年五月三一日、ロンドンの英外務省で英仏間折衝がもたれ、フランスは英側に南沙および西沙諸島の処理規定を盛り込むよう要請した。この要請は受け入れられて、六月八日の英米折衝では日本による南沙および西沙諸島の放棄を条約文に追加することが決定された。

こうして米英仏三ヵ国の折衝を経て成立した一九五一年六月一四日草案の第二条f項には、「日本国は南沙諸島および西沙諸島に対するすべての権利、権原および請求権を放棄する」と書き込まれた。

以上の考察を踏まえて、原貴美恵はこう解釈している。すなわち日本が放棄した「南沙諸島および西沙諸島」の帰属先を「フランスの主権」に帰属させた場合に、当時の不透明なインドシナ情勢下にあって、それが共産主義政権（北ベトナム政府）の支配下に入る可能性を危惧せざるを得なかった。同時に米国は、中華民国の帰属を明記した場合に、同じく共産主義政権（毛沢東政権）の支配下に入る可能性を危惧せざるを得なかった。この懸念のゆえに、日本が放棄した後の帰属には一切言及しない方針を採択し、この原則が一年後の日華条約においても踏襲された、と。

3　なぜ南シナ海の島嶼問題は複雑怪奇になったのか

しかしながら、鄧小平時代の改革開放が始まり、旧ソ連邦が解体し、冷戦が終焉を迎えるなかで、新たな要素が登場した。①長い交渉の末に国連海洋法が成立したこと、②交渉の過程は同時に海洋資源の価値にますます注目される過程でもあったこと、この二つの要因により南シナ海紛争の性格はより複雑化した。

日本が、台湾に亡命した蔣介石政府との間で結んだ日華平和条約（一九五二年四月調印）の第二条には、「日本国は、サン・フランシスコ条約第二条に基づき、台湾及び澎湖諸島並びに新南群島及び西沙群島に対するすべての権利、権原および請求権を放棄したことが承認される」（傍点は著者による）とある。西沙群島＝パラセル群島は同じ名称なので誤解はないが、「新南群島」の呼称は、日本帝国主義の破産とともに死語と化した。

日本が放棄した（放棄させられた）後、その帰属先の限定をあえて避けた各国の思惑はすでに指摘した。日華平和条約を調印した際、蔣介石は「台湾及び澎湖諸島並びに新南群島（南沙諸島）及び西沙群島」の帰属先が中華民国と明記されなかったことに大きな不満を持っていたにちがいないが、毛沢東に追いつめられて台湾に逃げ込んだ立場としては、中国を代表して国連安保理常任理事国の地位を確保し、戦勝国の一員として敗戦国日本との講和を結ぶのは蔣介石政権であるという地位が、たとえ虚構にせよ、大事なものであり、無人の島嶼に注意を向ける余裕はなかった。しかし、台湾及び澎湖島同様、南沙諸島と西沙群島も元来中国の領土であり、中国（中華民国）に帰属すべきものと考えていたことはまちがいない。では、国際的に帰属先の曖昧ななかで、これらの島嶼は誰が実効支配したのか。

少しさかのぼるが、西沙諸島＝パラセル群島は、旧宗主国のフランスが去ってから、南ベトナムが同諸島の西半分（トリトン島＝中建島）を占領した。東半分（ウッディー島＝永興島、ツリー島＝趙述島）は、中国が一九五六年に占領し、以後七四年まで、南ベトナム軍と中国軍の対峙が続いた。ベトナム戦争末期の七四年一月一九日、中国軍が西半分に侵攻して、崩壊寸前の南ベトナム政府軍を排除して諸島全体を占領したので、諸島はそれ以後、中国の実効支配下にある。

一九四六年七月四日、フィリピンがアメリカから独立した。同月二三日、副大統領エルピディオ・キリノが声明を出して、「スプラトリー諸島をフィリピンの国防範囲に含める」と宣言した。これに対してインドシナ宗主国のフランスは一〇月五日、イツアバ島に石碑を建ててフランスの領有を主張した。中華民国は一二月九日、「太平」号（もと米艦デッカー）および「中建」号（もと米艦ＬＳＴ１０５６）を繰り出して、一二月一二日にイツアバ島に上陸し、軍艦の名称にちなんで「太平島」と名付け、フランスに対抗して石碑を建てた。中華民国とフランスは一九四七年一月にパラセル諸島の東部と西部にそれぞれ上陸し、領有権を争った。

中華民国立法院は一九四七年五月、パラセル諸島の西部をフランスから奪還する動議を可決した。民国政府内政部方域司（地方行政の管理局）は南シナ海のあらゆる島に新しく名前をつけた。スプラトリー島（単数）は「南威島」と名付けられた。ジェームズ礁は「灘」から「曽母暗沙」に変更された。「砂州」ではなく、水面下の「暗沙」であることが判明したことによる。さらにプラタスは「東沙」に、「南沙」は、それまではマックルズフィールド堆を指したが、新たにスプラトリー諸島（複数）を指す名となり、マックルズフィールド堆は「中沙」と呼ばれることになった。

方域司（地方管理局）は一九四七年一二月一日に新旧の島名対照表を発表し、海南特別行政区の管轄に組み入れた。同じころ、方域司は新しい「南海諸島位置図」を印刷し、一九四八年二月、「中華民国行政区域図」の付図として内政部により正式に刊行された。

このときに中国近代の地理学者白眉初（一八七六〜一九四〇）が初めて描いた十一段の破断線が書き込まれた。これが公表されたU字線の嚆矢である。これは時期により、「十一の破断線」、「十一段線」、あるいは「九段線」「十段線」等々表記が異なるが、実質にはほとんど変化のない、あいまいな図示である。すなわち北緯も東経も具体的に特定されていない。これは英語では、Nine-dash line あるいは、Nine-dot line、あるいはU字型線、牛舌線等々と訳されるが、内容は基本的に同一である。

一九四七年六月一二日、中華民国の海軍部、国防部、内政部の合同会議で、「U字線の内側にある島嶼すべての領有」を主張することを決定するとともに、海上の正確な国境、すなわち経緯度については、後日国際法に基づいて他国と協議するものとした。つまり当時は一方的な宣言にとどまり、領海画定には至らなかった。これは日本がポツダム降伏条件を受諾して中華民国軍に投降した時点での動きであり、これを追認したのが一九五二年の日華平和条約にほかならない。

一九五三年に中華人民共和国（北京政府）は、中国とベトナムを分けるトンキン湾の線を二本消したことにより、十一段線は九段線に変化した。トンキン湾の中越国境は、その後一九九九年に最終的に決定した。二〇一三年六月、中華人民共和国国家測絵総局は、台湾の東に新たに一段を追加して、台湾は中国の領土とする見解を図示したことにより、九段線は十段線になった。

第２節　南沙諸島の実効支配競争の時代（一九四五〜九五年）

１　大きな島から

南沙諸島の実効支配は、大きな島から順に各国が行った。

（１）列強による、いわゆる亜植民地状況から解放された中華民国が太平島（イツアバ島）を実効支配したのは、一九四六年である。この島には飲用水源のあることに着目しての選択であった。

（２）日米戦争の最中に独立を約束されていたフィリピンが、米国から独立し、ティツ島（Thitu Island）＝中業島を実効支配したのは、一九七一年である。われわれが「南シナ海」と呼ぶ海域は、フィリピンから見れば、「西フィリピン海」と呼ばれる。これはベトナムから見れば「東海」と呼ばれるのと、ツイになる呼称だ。

(3)仏領インドシナ統治からベトナムが独立し、チュオンサ(Dao Truong Sa)=長沙島(狭義のスプラトリー)の実効支配に着手したのは、一九七四年である。
(4)英領マラヤ連邦から独立したマレーシアがスワロー礁(Swallow Reef)=弾丸礁を実効支配したのは、一九七九年である。

ちなみに、「新南群島」に日本政府が列挙した一三の島嶼のうち(**表1**)、中華民国(台湾)は最大の太平島を実効支配し、残りの一二島をフィリピンとベトナムがそれぞれ六島ずつ等しく分け合っている。当時はこれら一三島が南沙諸島を構成する主な島嶼と見られていた。しかしながら、各国は実効支配、すなわち軍人や駐在員の生活を支えるためには、埋め立てによって環境改善を図ることを迫られ、風景はしだいに姿を変え始めた。
(5)中国の実効支配は、中ソ対決や国内の文化大革命のために出遅れた。何よりも中華人民共和国は建国当初海軍を保有しなかった。一九四九年時点でいわゆる台湾解放が実現できなかったのは、北京政府が海軍を保有しなかったために、一〇〇キロの台湾海峡を乗り越えることができなったからだ。ここで中国は海軍の創設を決意し、二一世紀初頭には空母さえ保有するに至った。この中国海軍が南シナ海抗争の一方の主役になったことはいうまでもない。

さて実効支配に戻ると、中国は一九八八年ベトナムとの軍事衝突を経て赤瓜礁ほかの岩礁を獲得し、一九九五年フィリピンとの軍事衝突を経て、ミスチーフ礁を獲得した。中国の実効支配は、

図２　南シナ海の主な島々

表２　南シナ海の島の大きさは――世界の孤島とくらべる――

南シナ海の島嶼

	島嶼名	実効支配	面積 (ha)
南沙諸島	太平島（イツアバ島）	台湾	38.4 ― 50
	ティツ島（パガサ島）	フィリピン	22 ― 37.2
	ウエストヨーク島	フィリピン	16
	スプラトリー島	ベトナム	13 ― 30
西沙諸島	ウッディ島（永興島）	中国	500
	パトル島（珊瑚島）	中国	30
	ダンカン島	中国	48
東沙群島		台湾	174

世界の孤島

島嶼名	位置	帰属	面積 (ha)
沖ノ鳥島	西太平洋上	日本	＜１
ロッコール島	北大西洋上スコットランド沖合	係争中	＜１
ローズ環礁	東サモア	アメリカ	21.4
スウェーンズ島	東サモア	アメリカ	186.5
アッシュモア岩礁	ティモール海	オーストラリア	11.4
カルチェ岩礁	ティモール海	オーストラリア	1.7
マロティリ島	仏領ポリネシア	フランス	4.3
クリパトン島	東太平洋上メキシコ沖合	フランス	600
バサス・ダ・インディア島	モザンビーク海峡の南	フランス	20
テバイラ島	フィジーの南	フィジー	2

台湾、フィリピン、ベトナム、マレーシアと比べて最も遅く、残されていたのは「島」ではなく「岩礁のみ」であった。中国が埋め立てによる「島作り」に本格的に取り組むのは、二〇一四～一五年のことだ。

南沙諸島の島嶼の大きさを知るには、**表２**で、他の地域の「孤島」と比較すればよい。いずれも帰属が争われたのち、現在の領有に落ち着いたものである。

以上は要するに、日本帝国主義が新南群島を放棄した後、フランス帝国主義から解放されたベトナム、アメリカ帝国主義から解放されたフィリピン、そしてイギリス帝国主義から解放されたマレーシアがそれぞれに実効支配を始めた経緯である。いわば帝国主義による領土分割競争の戦後処理という要因が南沙紛争の原点である。

南沙諸島はモザイクのように実効支配国が入り組んで複雑だ。南沙諸島の実効支配がどのように進展したかを見ると、大きな島から順に各国が占拠していった過程がよくわかる。

2　各国による実効支配

台湾の実効支配（一九四六年）

鄭和群礁（Tizard Reefs）の一角をなす南沙最大の太平島は、一九四六年に国民政府海軍「太平号」が日本軍から接収した。この海軍艦艇名が島の名称となった。国民政府はその後、大陸から台湾に亡命したが、太平島を今日でも実効支配している。台湾の実効支配はこれだけである。

フィリピンの実効支配（一九七一年）

フィリピンの実効支配する島は、**表3**のごとくである。

ティツ島（Thitu Island）＝中業島は、南沙諸島第三の大きさで、飲用可能な井戸がある。これはフィリピンが一九七一年に占領して以来、実効支配を続け、滑走路を設けている。

ベトナムの実効支配（一九七四年）

ベトナムは一九七四年にDao Truong Sa＝長沙島（狭義のスプラトリー、単数）の実効支配を始めた。これは南沙諸島で第四の島である。ベトナムはこのほか二二を実効支配している。（表4）

表3　フィリピンが実効支配する島嶼

	通称名	フィリピン名（タガログ語）
1	ティツ島	パガサ島（希望の意）
2	ウエストヨーク島	リカス島
3	ノースイースト島	パローラ島
4	ナンシャン島	ラワク島（広いの意）
5	ロアイタ島	コタ島
6	フラット島	パタグ島
7	ランキァム砂州	パナタ島（誓いの意）
8	アービング礁	バラグタス島（詩人の名）
9	アニュンギン暗沙	

表4　ベトナムが実効支配する島嶼

	島嶼名
1	スプラトリー島（長沙島）
2	ナムイット島
3	シンカウ島
4	ソンカ島
5	サウスウエスト島
6	アンボイナ砂州
	(以下、岩礁)
7	アリソン礁
8	バークカナダ礁
9	セントラルロンドン礁
10	イーストロンドン礁
11	ウエストロンドン礁
12	コーンウォリス礁
13	グリサン礁
14	ヒゲン礁
15	グレートディスカバリー礁
16	ラッド礁
17	ランズドーン礁
18	ピアソン礁
19	ペトレイ礁
20	サウス礁
21	テネント礁
22	コリンズ礁

マレーシアの実効支配（一九七九年）

南沙諸島の南端、スワロー礁＝弾丸礁は太平島に次ぐ第二の大きさで、マレーシアが一九七九年に占領し、海軍基地を設けた。マレーシアはこれを中核として、マリベレス礁＝南海礁とアルダシェル礁＝光星仔礁、都合三つを実効支配している。

中国の実効支配（一九八八年、一九九五年）

中国の実効支配は、台湾、フィリピン、ベトナム、マレーシアと比べて最も遅かった。中国は武力でもってベトナムから赤瓜礁を獲得したが、その経緯は以下の通りである。

赤瓜礁＝ジョンソン南礁は、ユニオン堆礁＝九章群礁の中核である。一九八八年三月一四日、ベトナムが実効支配していた赤瓜礁を中国が攻撃し、占領した。これを赤瓜礁海戦と呼ぶ。中国は当初木造の小屋を建て、その後コンクリートに改築し、「中国赤瓜」と書いた。この海戦で赤瓜礁の周囲に位置する①永暑礁＝ファイアリー・クロス礁、②華陽礁＝クアテロン礁、③東門礁＝ヒューズ礁、④南薫礁＝ガベン礁、⑤渚碧礁＝スビ礁を手に入れた。この戦闘でベトナム水兵七〇名以上が死亡した。

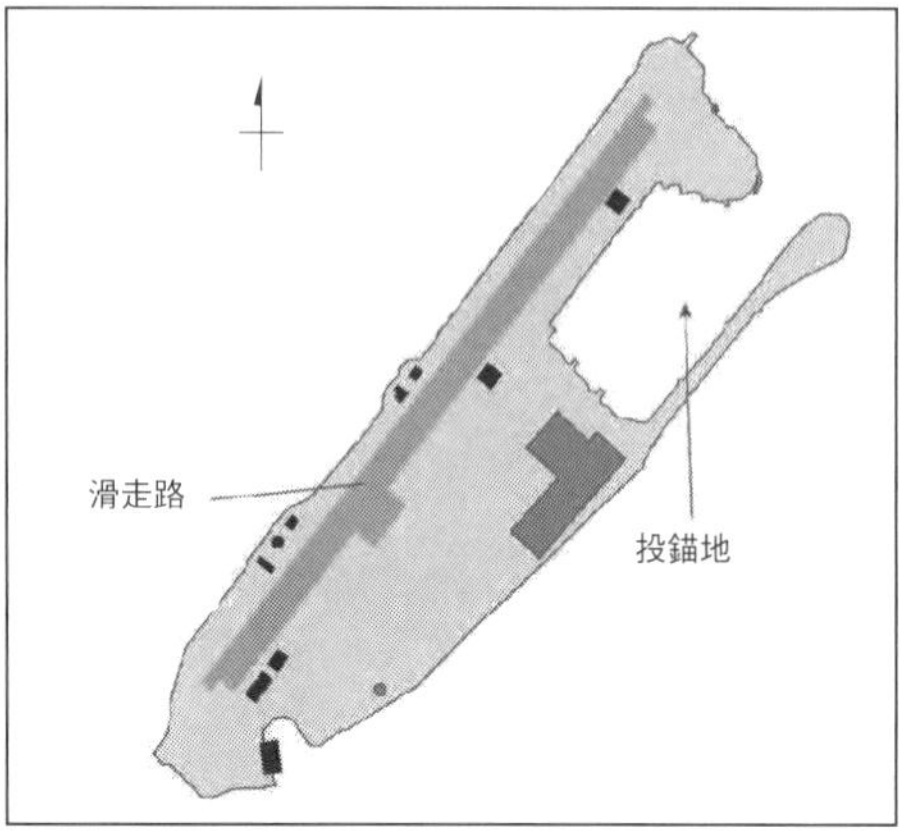

図４　埋立後のファイアリー・クロス礁（永暑礁）

上）埋立前のファイアリー・クロス礁（2014 年 8 月 28 日）
下）埋立中（2014 年 10 月 28 日）
出所）図４とも米国防総省。

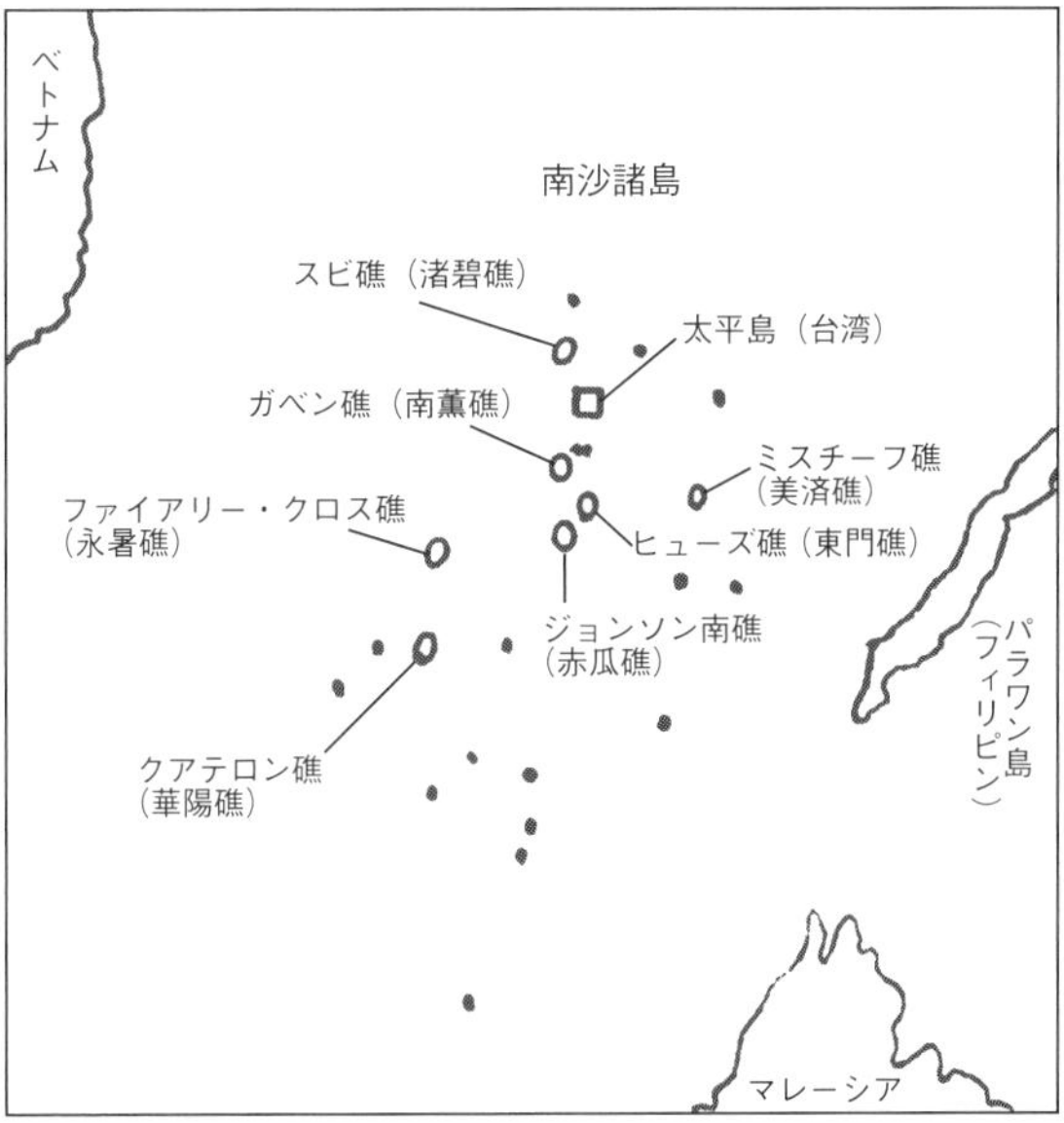

図３　中国が埋め立てて実効支配する南沙諸島の７つの岩礁

３　スカボロー礁をめぐるフィリピンと中国の争い

スカボロー礁（Scarborough Shoal（Reef）= Bajo de Masinloc = Kulumpolng Panatag、Karburo = 黄岩島）はフィリピンのルソン島の西二二〇キロメートル、フィリピンの排他的経済水域（ＥＥＺ）内に位置し、南沙諸島、西沙諸島とは離れて位置する。一七四八年九月一二日、英国船スカボロー号がここで座礁したことにちなんで名付けられた。水深三五〇〇メートルの海盆上、海底の山が水面にわずかに露出した部分にある周囲五五キロメートルの三角形の環礁で、最高点は標高約三メートルの岩礁である。

地質構造上で見るとフィリピン・ルソン島側からの大陸棚の自然延伸上にある。礁湖の面積は一三〇平方キロ、水深一〇～二〇メートル、礁湖を含む面積は一五〇平方キロである。礁湖の南端には外海と繋がる長さ四〇〇メートル、水深九～一一メートル、幅三六〇～四〇〇メートルの水路があって、小型中型の船が漁業活動を行ない、風を避けることができる。

フィリピンの主張

スカボロー礁は遅くとも一六世紀には、すでにその付近海域はフィリピンの漁民の漁場だった。スペインがフィリピン諸島を米国に割譲した一八九八年のパリ条約、一九〇〇年のワシントン条約、一九三〇年の英米条約では、東経一一八度をフィリピンの西限としており、スカボロー礁はこの範囲の外側にある。一九三五年のフィリピン共和国憲法および一九六一年の領海基線法にも同様の規定がある。

しかし、フィリピン外務省は、スカボロー礁は「島」ではなく「岩」であって、これらの条約等の対象とされていないと主張している。そして、フィリピン外務省は、パルマス島事件を代表とする常設仲裁裁判所での国際公法上の判例を踏まえると、領有権は歴史的な主張や領有ではなく、管轄権の有効な行使に基づいて判断されるべきであるとしている。

中華民国（台湾）・中華人民共和国の主張

スカボロー礁は中国人が最も早く発見した。一二七九年、天文学者郭守敬が「四海測験」を行ったとき、南シナ海ではこの島を測量地点とした。一九三五年一月、中華民国水陸地図審査委員会はスカボロー礁を中華民国の版図へ入れた。一九四七年末、中華民国内政部が正式に編纂出版した『南海諸島位置図』でスカボロー礁を「九段国界線」内へ入れた。この線を法的効力のある歴史的境界線として、中華民国は線内の島、礁、浅瀬、砂州の主権を主張した。一九八三年、中華人民共和国地名委員会は「我国南海諸島部分標准地名」を公布して「黄岩島」をスカボロー礁の標準名称とした。

主権争いの経過

一九八〇年以後、フィリピン政府はスカボロー礁を二〇〇カイリ排他的経済水域内とした。一九九七年、フィリピンが軍艦と軍用機を出動して中華民国の民間組織のラジオ局による領海侵犯を追跡、監視する。同年四月三〇日、フィリピンの二人の国会議員が軍艦に乗って上陸、旗と碑を立てる。九八年一月から、中華人民共和国海南省の四艘の漁船が二カ月間にわたって領海侵犯し、フィリピン海軍に拿捕された五一名の漁民がフィリピンに半年間拘禁される。九九年五月二三日、フィリピン軍と中華人民共和国の漁船が衝突。中華人民共和国外交部スポークスマンはフィリピンへ抗議し、交渉を呼びかけた。

一九九九年六月、フィリピン教育部は新しい地図の中で、スカボロー礁と南沙諸島を版図へ入れた。八月、フィリピン政府は「南沙諸島はフィリピン領土」である旨の憲法改正を行った。九九年一一月三日、フィリピン海軍の一艘の艦船がスカボロー礁のパトロール中に座礁。フィリピンは艦船は救援参加時に故障が発生したと発表。中華人民共和国は座礁した艦船の撤去を求め、フィリピン側は撤去した。島周囲の領海・経済水域は主にフィリピンの艦船が監視している。

二〇〇〇年、フィリピン海軍が領海侵犯した中華人民共和国の漁船船長を射殺した。一二年四月八日、フィリピン海軍がスカボロー礁近くに中華人民共和国の漁船八隻が停泊しているのを発見し拿捕した。中華人民共和国の監視船が現場に急行、フィリピン海軍の進行を阻止し、にらみ合う状況となる。四月一七日、フィリピンのデル・ロサリオ外相は国際海洋裁判所に判断を仰ぐ提案をしたが、中華人民共和国外交部辺海局の鄧中華局長はこれに対し抗議した。一二年九月三日、『人民日報(海外版)』は、中国国家海洋局がスカボロー礁(黄岩島)、西沙諸島と尖閣諸島の周辺海域を人工衛星や航空機で遠隔監視する「海域動態監視観測管理システム」の範囲内に組み込んだと報じた。一三年九月三日、フィリピン国防省は、中国が約三〇個のコンクリート・ブロックを設置していることを発表した。

４　沿岸各国と衝突する中国

ベトナムとの赤瓜礁海戦

中国とベトナムの間の赤瓜礁海戦はなぜ発生したのか。一つの契機は一九八二年ロサンゼルスで開かれた国連海洋法会議だ。ここで新領海基線法と排他的経済水域＝ＥＥＺが定められたので、ＥＥＺ線引き騒ぎがもち上がった。加えて、一九八五年からユネスコ政府間海洋学委員会（ＩＯＣ）が推進している全球的な海面水位監視ネットワーク「全球海面水位観測システム」（ＧＬＯＳＳ）が動き出し、全世界で約三〇〇の検潮所が登録された。

中国は、五個の検潮所を引き受けることになり、うち二個は西沙と南沙に各一個設けられることになった。中国はこれを奇貨とし、「南沙に海洋観測站を建設する」名目で、海軍艦艇の編隊を南沙群島に巡航させた。

八八年一月三一日、南海艦隊護衛艦五五二号「宜賓」は、永暑礁（ファイアリー・クロス礁）に海洋観測站（第七四号）建設のため上陸し、五星紅旗を掲げた。三月一四日中国海軍五三一号「鷹潭」と五五六号「湘潭」が到着した。ベトナム軍六〇四号武装輸送船からも四三名が赤瓜礁に上陸して、ベトナム国旗を掲げた。ここで先に上陸していた中国軍五八人とにらみ合い、まもなく銃撃戦となった。砲撃を受けたベトナム軍六〇四号武装輸送船が沈没し、帰路を失ったベトナムの上陸兵士は投降し、五〇五号上陸艦も白旗を掲げた。この海戦勝利により、中国は九章群礁周辺の六つの礁を占拠し、南沙諸島に軍事拠点を構築することに成功した。

中国がフィリピンからミスチーフ礁を獲得した経緯

一九九五年二月二日フィリピン軍偵察機とパトロール艦がミスチーフ礁＝美済礁に中国が建築物を作っていることを発見し、九二年ＡＳＥＡＮ会議で採択された「南シナ海宣言」に違反すると抗議の覚書を中国に突きつけた。中国側は「軍事施設ではなく、漁民を守るための生産施設だ」と弁解した。同年一一月二九日フィリピン海軍は仙娥礁＝アリシア・アニー礁付近で漁業に従事していた中国漁民二〇名を拘留し、投獄した。九八年後半から九九年初にかけて、ミスチーフには鉄筋コンクリート三階建ての建築物が四棟作られ、江湖級護衛艦が防衛している。

こうして中国は、①八〇年代の赤瓜礁海戦でベトナムから獲得した六つの岩礁および、②フィリピンから獲得したミスチーフ礁、計七つを南沙諸島において実効支配している。

第3節　南シナ海をめぐる大陸棚限界委における攻防

1　国連を舞台とする口上書合戦と実効支配

第二次大戦後、国連体制の下で多くの発展途上国が独立して国連に加盟し、海洋法制定へ向けて、いくつもの会議が重ねられ、一九八二年に国連海洋法条約が成立し、九四年に発効した。各国の領海ならびに二〇〇カイリ排他的経済水域に設定については、各国の立法にゆだねられてきた。八二年海洋法では、くわえて二〇〇カイリをこえて大陸棚を延長できる条項（七六条）がもうけられ、そのために「大陸棚限界委員会」が定められ、沿岸諸国は大陸棚延長をふくむ排他的経済水域＝ＥＥＺ（exclusive economic zone）の申請を行うことになった。そのために各国は、それぞれの領海基線を明確にして、そこから二〇〇カイリ、三五〇カイリ（大陸棚延伸の限界）を測る作業に着手し、その結果を「大陸棚限界委員会」に登録するため、口上書（Note Verbale）を提出する段取りを迎えた。

2　大陸棚限界委員会

国連海洋法大陸棚限界委員会（略称ＣＬＣＳ）は、国連海洋法条約第七六条八項、および同条約付属書Ⅱに定めるところにより設置される委員会であり、正式名称は「国連大陸棚限界委員会（Commission on the Limits of the Continental Shelf）」である。限界委は、国連海洋法条約の締約国に属し、地域バランスを考慮して地質学、水路学、地球物理学の専門家二一名が選ばれ、個人の資格で構成する（任期五年、再選可）。委員には法律専門家をふくまない。

海洋法条約では、大陸や島に隣接する海底は、浅い大陸棚から急激に深く傾斜し（大陸斜面）、ふたたびやや平坦になり（コンチネンタル・ライズ）、やがて水深四〇〇〇メートル程度の大洋底地点にいたる、とされる。この斜面とコンチネンタル・ライズの境目、つまり「大陸斜面の基部「ふもと」における勾配が最も変化する点」を「大陸斜面の脚部」と定義し、この「脚部」を基準にして、二〇〇カイリをこえる場合の大陸棚の外側の限界、すなわち「大陸棚の延伸」が設定される。

限界委が、大陸縁辺の地殻が陸地と同じ地質でできた自然な延伸であると判断すれば、陸地と領海を分ける領海基線から通常二〇〇カイリと定められている排他的経済水域の外側に、「大陸棚」を、最大三五〇カイリまで、あるいは二五〇〇メートル等深線から一〇〇カイリまで延伸できる。限界委は、各沿岸国からの申請にもとづき、この大陸棚の外側の限界に関する事項について沿岸国に対し勧告を行っている。領海は各国の主権、排他的経済水域は各国の主権的権利とされて、各国が、原則としてそれぞれの国内法で定めるべきこととされるが、この「大陸棚の延伸」は、各国が国連大陸棚限界委にまず申請し、限界委の勧告を得て、最終的に設定できるということになった。限界委の勧告に基づき「沿岸国が設定した大陸棚の外側の限界」は、「最終的かつ拘束力を有するもの」となる（海洋法条約第七六条八項）。

なお、大陸棚の「限界の外側にある公海」の深海底とその資源は、特定の国に帰属しない人類共同の財産として国際海底機構（ISA, International Seabed Authority）の管理下に置かれることを海洋法条約が定めている。

［コラム］米国はなぜ海洋法条約に参加しないのか

国連海洋法条約ＵＮＣＬＯＳは、二〇一二年に条約採択三〇周年を迎えた。二〇一五年初頭には当事国数も一六七を数えるが、米国はいまだに参加していない。レーガン大統領が条約への署名を拒否して以降、現在のオバマ大統領に至るまで歴代の政権は加入をめざしてきたが、条約の承認権限をもつ上院、外交関係委員会（ＦＲＣ）の事情ゆえに、いまだ実現していない。

未加入の米国が国際法の名において、「ものいう中国」（assertive China）を非難する構図は不可解だが、今日の「国際法下の秩序」というキレイゴトの裏面の現実を物語る。その理由は「外交を担う行政府」と、「条約承認権限の行使を通じて牽制する上院」とが衝突し、参加が妨げられるためだ。これは米国の孤立主義または単独行動主義の反映でもある。

海洋法条約第九部に「深海底のレジーム」について規定した箇所を除けば、ほぼ全体がそれまでの国際慣習法を法典化したものにすぎないから、反対する理由はないはずだ。焦点は、やはり「途上国にとって有利な規定」と見られる「深海底のレジーム」である。これに対して当時のレーガン政権は反発して署名すらしなかった。

「米国の支持しない深海底制度」に危機感を覚えた国際社会はその後一九九四年に、第十一部の「実施協定」を締結することで実質改正した。そこで米国はようやく署名したものの、批准には至っていない（ただし一九九五年の国連漁業資源協定は公海漁業資源に関する規律の面で補足され、米国は同年に署名・批准を行なっている）。

七〇年代から生じてきた新国際経済秩序をめぐる「途上国と先進国との対立」に加え、「人類の共同財産 Common Heritage of Mankind, CHM」（以下、グローバル・コモンズと略称）という新しいコンセプトを「途上国に配慮する形」で取り入れたことに米国の不満が高まった。「沿岸国の管轄権が沖合に拡張され」「公海の自由が縮小した」だけでなく、「国際機関による海洋・資源の管理制度」が整備された。いわば海洋秩序のパラダイム転換であった。

米国の賛成派は、大統領府（ホワイトハウス）、国務省、国防総省（ペンタゴン）をはじめ、産官学などの各界に及ぶ。賛成理由は、経済上・安全保障上の国益に資するとか、ロシアが存在感を示し始めた北極資源開発という情勢や中国の台頭が著しいアジア太平洋の海洋情勢に照らして今が好機であると主張する。

これに対して反対派には、強硬な保守派と目される共和党の上院議員、シンクタンクなどのロビイストが含まれ、その結果三分の二の多数が得られない。反対理由は、「加入が米国の主権侵害を及ぼす」というものだ。「航行の自由」が国益であり、条約に参加することで「安全保障の足かせとなる恐れが生じる」という。さらに「官僚主義的な国際機関が、拠出金など米国に対して財政負担を強いるのは一種の課税だから、経済的な負担や損失を生む」ともいう。要するに加入メリットのない海洋法条約は不要であり、慣習法で十分だと主張する。

条約の利用により「国際社会において国益を追求する」立場と、条約にとらわれることなく、「国際社会において行動する」ことが自国の国益だという立場の対立である。前者は国際協調・多数国間主義であり、後者は、他国との調和よりも「自国の主権や自由に対して重きを置く」立場、すなわち一国だけで国益を追求する単独行動主義である。議会上院が有する条約承認権に牽制されて政府の外交が進展しない状況の一例は、最近ＴＰＰ交渉でも明らかになった。顧みると国際連盟への参加に積極的だったウィルソン大統領の政権下で上院による承認を得られなかったために、国際連盟に参加できなかった一件は広く知られていよう。

3　ベトナムとマレーシアの共同申請

二〇〇九年五月、マレーシアとベトナムは、大陸棚限界委員会に対して、南シナ海におけるマレーシア・ベトナム間の線引き提案を合同で行った（**図5**）。この提案において最も注目を要するのは、国連海洋法にそって、沿岸の基線をベースとして二〇〇カイリの線を描いたこと、すなわち島嶼に伴う「海洋法で定義される島に由来する排他的経済水域や大陸棚延伸」を、いずれも主張していない点である。もしこのような考え方が他の関係国（中国、台湾、フィリピン、ブルネイ）によって受け入れられるならば、「島嶼を考慮に入れない海洋画定」の協議をすすめることが可能になり、問題の解決に大きく前進する。

ただフィリピンは、マレーシア・ベトナム口上書の一部、すなわちマレーシアが自国領土としている東マレーシアのサバ州部分について、これはフィリピンの領土である（フィリピンは「北ボルネオ」と呼ぶ）として異議を唱えた（二〇〇九年八月四日付口上書）。これに対してマレーシアは、「フィリピンの主張に根拠なし」と反論した（八月二一日付口上書）。

また中国は、島嶼を考慮せずに海洋画定をはかり、「中国の九段線主張を無視」したベトナム、マレーシアの合同提案に対して、同年五月七日、二〇〇九年CML一七号（中国語）で、反論した。

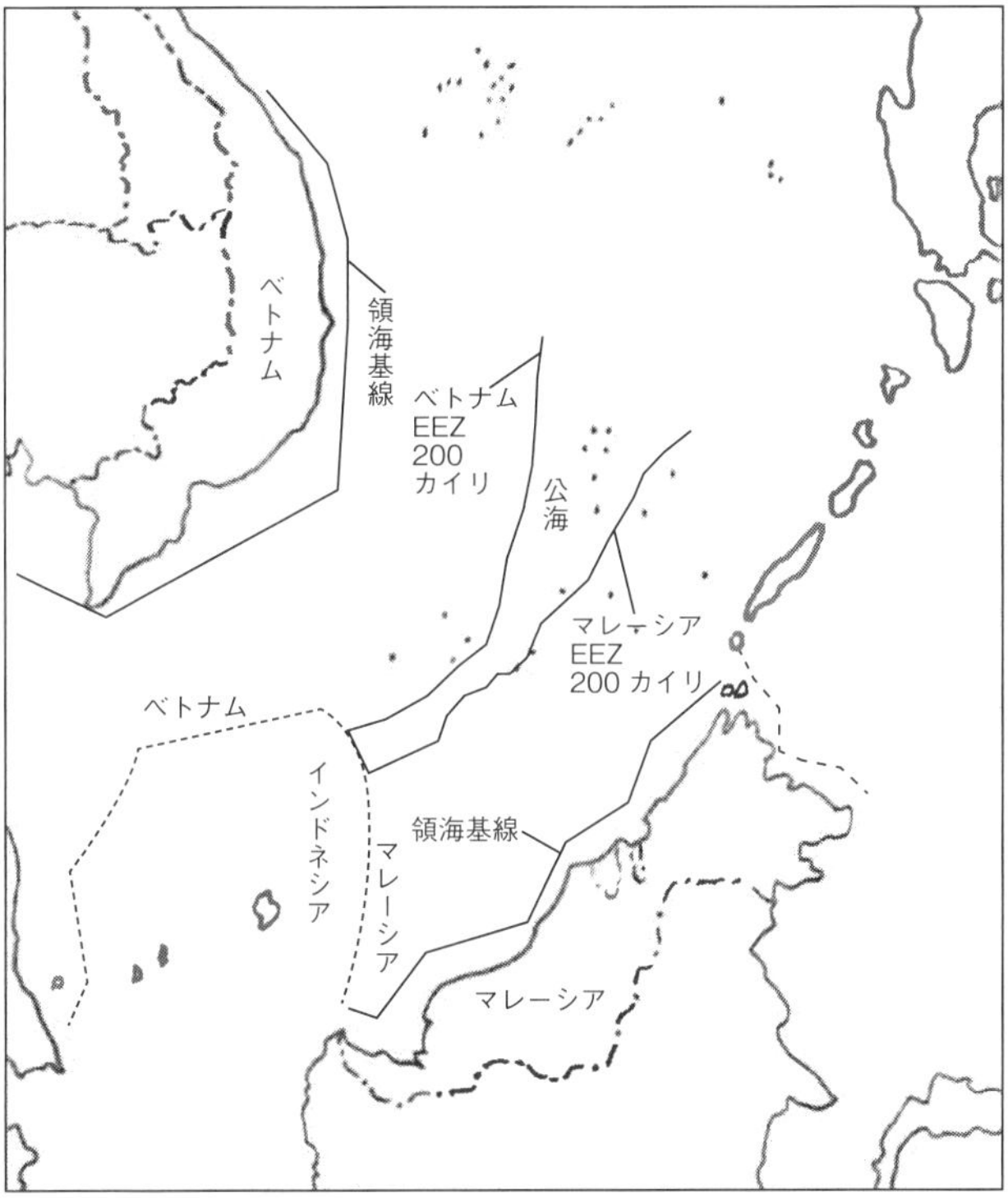

図5　マレーシアとベトナムによる南シナ海の共同線引き提案

島が入るか入らないか

中国の海洋法学者趨克淵（Keyuan Zou 浙江大学光華法学院教授）は、島を考慮に入れた場合と入れない場合を比較した。**図6**は、島を考慮に入れない、「中間線による線引き」提案である。ベトナム・マレーシアの共同提案と同じ考え方である。南シナ海の横幅は六〇〇〜七〇〇カイリであり、中国、台湾、ベトナム、フィリピン、ブルネイ、そしてマレーシア、それぞれの領海基線から二〇〇カイリの排他的経済水域の線を図示すれば、図6のごとくであり、真ん中に羽子板状の公海が残る。しかしながら、三五〇カイリに及ぶ大陸棚延伸を考慮すると、公海部分は何も残らない。すべてが各国の排他的経済水域プラスアルファの圏内に包まれる。図6の場合、直線基線（基点と基点とを直線で結んで描いた領海基線）ではなく、通常基線（実際の海岸線）を採用し、向かい合う両国の中間線で分け合う以外に道はない。

一方、東沙・西沙・南沙の諸島について、各島に固有の権利を認めて、沿岸国の海岸線との間で中間線を引くならば、図7のようになる。東沙は台湾、西沙は中国が領有しているが、南沙諸島は中国、台湾、ベトナム、フィリピン、マレーシア各国が領有（実効支配）しているので、それぞれの領海を中間線で引くことは、極端に複雑になる。

マレーシアとベトナムが互いに合意し合い、共同提案を行った海洋画定提案については、サム・ベイトマンが「海洋画定について——南シナ海の過剰な要求と効果的な手法について」で次のような論評を示している。

まず基線について直線基線として出発するか、それとも通常基線によるべきか、という問題が生ずる。両国共同提案は直線基線をもとに両国の二〇〇カイリ排他的経済水域を示したものだ。東アジアの諸国（カンボジア、中国、日本、北朝鮮、韓国、マレーシア、ミャンマー、タイ、ベトナム）は、そのほとんどすべてが直線基線を用いている。この直線による描き方は領海なり排他的経済水域を通常基線にもとづくよりも大きく描くことを意味する。

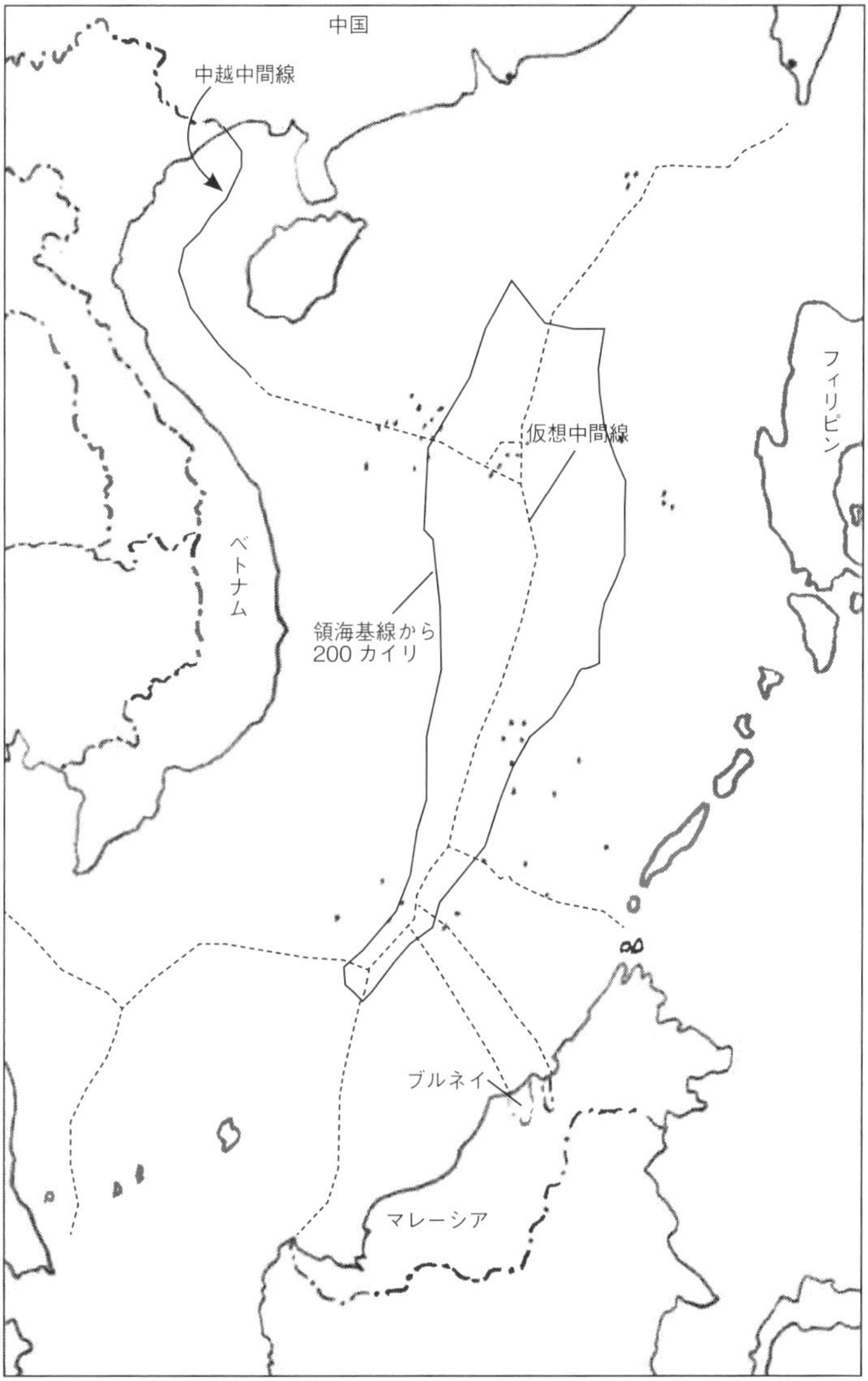

図6　島を考慮に入れない場合の海洋法にもとづく線引き案
出所）趙克淵による。

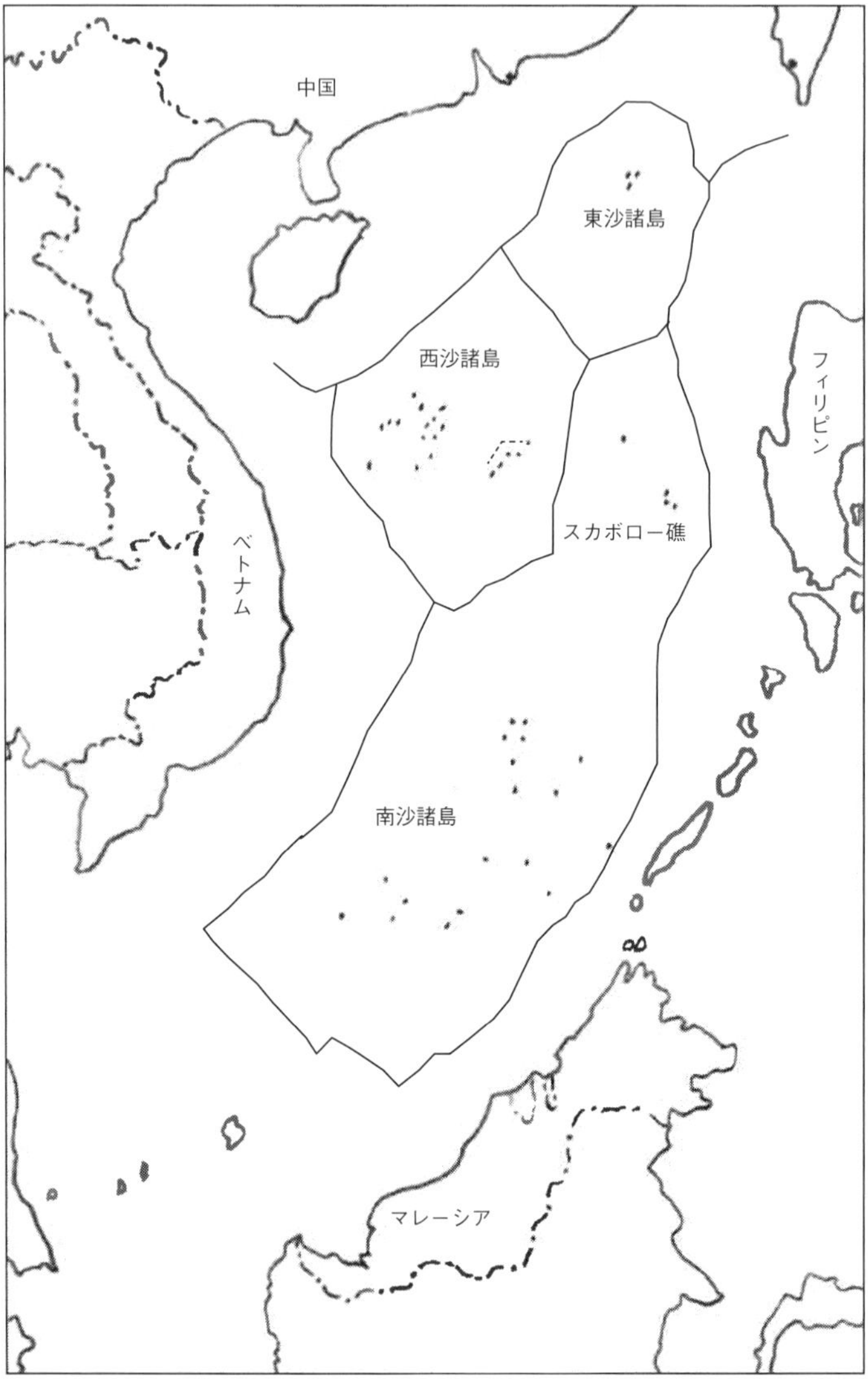

図7　島を考慮に入れた場合の海洋法にもとづく線引き案
出所）趨克淵による。

次の問題は、二ヵ国以上にまたがる境界画定は、つねにその性質上政治的なものであることだ。南シナ海においては、二国間の境界画定が第三国になんらかのインパクトを与える事例が多い。それぞれの線引きが異なったものであり、公正な結果に結びつくかどうかとは無縁の要素によって線引きが行われることになる。排他的経済水域と大陸棚延伸圏とが一致すべきか。この問題には異なる考え方がある。一般論としては海底土と海面とは一致するとは限らない。排他的経済水域論が広く受け入れられる前には、大陸棚は地質学に基づいて考える習慣であった。しかし国際秩序の問題としては、複雑な法的権利の枠組みでは、地質学とは別の領域画定が望ましい場合もありうる。

この新しい問題については、よい先例はない。境界交渉の結果として管轄権が重なる南シナ海における海洋資源の開発にとって新たな争点になる可能性がある。ある国は漁業の管轄権を想定し、他の国は海底床と海底土の原油と鉱物資源を想定する場合に、海底土の境界と海水域の境界とは異なる。オーストラリアとインドネシアで争われているのは、この問題だ。マラッカ海峡北部やナツナ島東側で、マレーシアは一致させるべきと宣言した。しかしインドネシアから見ると、排他的経済水域と大陸棚圏を一致させることは公平とは、考えられない。なお、フィリピンやインドネシアのような群島国の場合、群島の最も外側の島・干礁の最も外側の点を結ぶ直線の群島基線を設定できる。ただし基線の引き方については、いくつかの制限がある（海洋法条約四七条）。

平衡の原則か等距離の原則か

こうしていくつかの原則の組み合わせにより、海洋法に基づく線引きの原則は、相当に複雑であり、容易に理解しにくい構図になる。

大陸棚の自然延伸ではなく、当該地域の地質学による線引きが行われた場合に、海岸線の長さの不均衡は避けられず、これは経済的要素として影響する。国際司法裁判所は「衡平の原則」を適用するとしているが、衡平を評価する要素を列挙することも定義することもしていない。これは単純な等距離の原則ですむ話ではない。海岸線の長さや向かい合う、あるいは隣り合う海岸線の形、地質学、地形学、経済的、政治的要素とともに、大陸との関係で当該島嶼のもつ重要性が関わっている。

課題の難しさをこのように説明した後で、この論文の筆者サム・ベイトマンは、次の警句で結んでいる。「学者たちは、このように法的問題を論じているが、幸いなことは、誰にも衡平の原則による線引きなるものが存在したのか、それとも存在しているのか、それを知らないことだ」。

以上は海洋法が成立して、二〇〇カイリ、三五〇カイリなどの新たな線引きの原則が生まれたことによって「口上書合戦」が始まったことによる「主張と反論」の交錯である。国連における口上書合戦と平行して各国は実効支配を固め、漁民を守るために、警備の軍艦を派遣することになり、軍艦同士のニアミスも危惧されるようになった。とりわけ、遅れて実効支配に取り組んだ中国は、新鋭の浚渫船天鯨号を用いて、岩礁を埋め立てて、滑走路やレーダーサイト、はては移動式砲台まで建設するにおよび大きな注目を浴びるようになった。こうして南シナ海の紛争は、世界の注目を集めるに至った。

第４節　中国の南シナ海全域領有論

１　大陸棚限界委を舞台にした論争

さて中国は、島嶼を考慮せずに海洋画定をはかる、つまり歴史的経緯を考慮しないベトナム、マレーシアの合同提案に対して、同年五月七日、二〇〇九年ＣＭＬ一七号（中国語）で、反論した（英訳がＣＭＬ一八号）。このとき、中国政府が提出したＣＭＬ一七号には、九段線（牛舌）地図が添えられていたが、その地図の含意についてベトナム、マレーシア、フィリピンは鋭く反論し、その欠陥を突いた。批判の核心は、「九段線なるものは、海洋法のどの条項によって合理化できるのか」「九段線を合理化できる規定は海洋法にはない」という主張である。

後述するように、中国外交部や中国のリベラルな学者は「九段線の内側にある島嶼およびそれに隣接する水域に対する領有権を示す線だ」「九段線の内側の南シナ海全域が歴史的に中国の領海だと主張しているわけではない」といった、海洋法条約を念頭においた弁解を行う。高之国（海洋発展戦略研究所、海洋法裁判所判事）と賈兵兵（清華大学国際法教授）は「歴史的権利」というコンセプトから焦点をずらせて「歴史的権原」をもつと主張した。九段線が仮に海洋法の条文とは相容れないと判断されたとしても、海洋法前文の精神とは矛盾しないと主張するために、論点をずらしたものと受け取られている。すなわち条約の前文には、「網羅的な条約とすることは意図しない」趣旨の記述があり、これを援用する目論見だ。

中国の口上書CML一七号（中文）＝CML一八号（英文）に対して、ベトナムは、五月八日付口上書CML一二号（英文）で再反論した。ベトナムはさらに「平和、安全保障協力の領域に向かう南中国海」（Tran Truong Thuy 編 *The South China Sea Towards a Region of Peace, Security and Cooperation*, http://www.thegioipublishers.com.vn）を発表して、ベトナムの立場を敷衍した。これに対して中国は李金明（厦門大学南洋研究院教授）の論文「南シナ海の中国版地図に画かれた破断線――ノート」（二〇〇三）で中国の立場を詳論した。

2　中国の九段線

中華民国の「十一段線」

第二次世界大戦の後、一九四七年一二月一日、中華民国の内政部方域司（地域局）が作成し、

図8　中華民国による「十一段線」(1947年)

＊　中華人民共和国（北京政府）は、1953年に中国とベトナムを分けるトンキン湾の段線を2本消して、「九段線」とした。

国民政府が議決・公布した『南海諸島新旧名称対照表』及び『南海諸島位置図』には、十一段から成るU字線が中国の領海として取り囲まれるように描かれていた。図8の地図である。一九五二年、日華平和条約に基づき、日本が西沙諸島と新南群島（南沙諸島）を放棄したのを受けて、これを中華民国（台湾）海軍が接収した。

中華人民共和国の「九段線」

一九五三年以降中華人民共和国は、当時支援していた北ベトナム軍のトンキン湾内にある島でのレーダー建設などの活動を妨げないよう、自国の安全保障政策と整合させるべく前述の十一段線のうちからトンキン湾付近の二段部分を除去し、新たに九段線を描いた。

九段線に対する「法的解釈」は、李金明（厦門大学南洋研究院教授）によれば、およそ四つある（「南シナ海の中国版地図に画かれた破断線——ノート」二〇〇三年）。

① 歴史的な権利の範囲を示すもの＝線内の島、礁、浅瀬、砂洲は中国領土であり、内水以外の海域は排他的経済水域と大陸棚となる。

② 歴史的な水域線を示すもの＝中国は線内の島、礁、浅瀬、砂洲および周辺海域の歴史的権利を有するのみならず、線内のすべての海域が中国の歴史的な水域とされる。

③ 伝統的国境線を示すもの＝線内の島、礁、浅瀬、砂洲及び周辺海域は中国に属しており、線外の区域は公海または他国に属する。

④　中国への島嶼帰属を示す＝線内の島嶼、東沙群島、南沙群島、中沙群島と西沙群島を含み、およびそ周辺海域は中国に属しており、中国がこれを管轄し、統制する。

李金明は、このうち①、②、③は、現行「海洋法の規定」に照らして難点があるとして退け、④「島嶼帰属の線を示すもの」と解した。南シナ海全域の島に限定して中国の領土であり、海洋法にそって、それに伴う領海および排他的経済水域を主張するものだ。李金明の解釈は高之国（国連海洋法裁判所判事）のそれと同じであり、中国政府の海洋法を前提とした公認解釈と見てよい。サンフランシスコ講和条約および日華平和条約で日本が放棄したものの、その帰属を明記することをあえて避けた南沙諸島、西沙諸島は、当然、中国に返還されたとみなす認識である。

第5節　ベトナムによる九段線＝牛舌論批判

ベトナムは七〇年代から実効支配していた南沙諸島のジョンソン南礁（赤瓜礁）を、一九八八年三月の赤瓜礁海戦で中国に奪われ、以後、周辺六個の環礁が中国の支配下に置かれ、南沙諸島海域での石油開発をめぐって両国のするどい緊張状態が続いている。

本節では、中国側の論拠となる北京政府と台北政府の九断線主張を批判するベトナムの論点を取り上げたい。たとえばホーチーミン大学ホワン・ヴィエト（Hoang Viet）教授の論文「東海における中国のU字型線要求――その成立史と法的根拠」は、以下のように主張する。

1　南シナ海紛争は、世界で最も複雑な領土紛争の一つ

南シナ海紛争の複雑さは、多くの国々の主権要求が重なることだ。海上の領域と境界における国際法上の紛争であるのみならず、戦略的利害、海上輸送ルートの管理と原油とガスを含む海洋資源開発の管理を含む。南シナ海紛争は地域安定への脅威であり、ベトナムとフィリピンは、二〇一一年三月フィリピンの排他的経済水域内でフィリピン船を威嚇する行為を中国が行ったことに抗議した。

また一一年五月二六日にベトナムの探査船ビン・ミン二号の海底探査用ケーブルを切断し、六月二日に同じくベトナムのバイキング二号のケーブルを切断したことに抗議した。これらは一九八二年の国連海洋法会議で認められている排他的経済水域と大陸棚で調査していたものだ。海洋法の規定によれば、ベトナムとフィリピンとは、内海、領海、接続領海、および基線から二〇〇カイリの排他的経済水域および基線から二〇〇カイリの大陸棚をもつ。したがって、ベトナムとフィリピンは、基線から二〇〇カイリの排他的経済水域と大陸棚で主権と法的権利をもつ。この権利には、それぞれの排他的経済水域と大陸棚における生物資源と非生物資源が含まれる。

しかしながら、中国外交部スポークスマンは、中国および他の地域諸国との「紛争地域」でベトナムが原油とガスとを開発したと述べた。中国はU字型線の内側を「紛争地域」と称したが、これは国際社会のすべてによって拒否されている。南シナ海紛争は、中国が南シナ海の八割近くを要求して境界線として、ベトナムを含む多くの諸国の主権、領海、海洋権益および世界の交易と海洋活動に大きな衝撃を与えている。

２　U字型線の形成史批判

中華民国内政部が一九四八年二月、『南海諸島位置図』を発表した。これを中国、台湾、他の地域の研究者たちが「U字型線・九段線」と呼び、あるいは南シナ海をなめる形状から「牛舌線」と名付けているのは問題だ。中国の研究者たちは、U字型線の初出を一九三六年の白眉初地図とする。このU字型地図は、ラフなスケッチにすぎない。白眉初がこの図を描いた当時、十分な国際法の知識を備えていたか定かではないかという批判さえある。

一九四九年に蔣介石政権が敗北し、台湾諸島に逃れ、大陸には中華人民共和国が誕生したが、その中華人民共和国もまた十一段の破線からなるU字型線を継承した。この地図には、U字型線（牛舌線）は、南シナ海の四大群島と岩礁をカバーし、パラセル諸島（ベトナム名 the Hoang Sa）、スプラトリー諸島（ベトナム名 Truong Sa）のほか、中国名の東沙諸島（プラタス）、中国名の中沙諸島（マックスフィールド堆）がすべて含まれる。すなわちU字型線は、トンキン湾にあるベトナム・中国間の陸の国境から出発し、ベトナムの東海岸および東南海岸を南方の北緯四度まで南下し、そこから西マレーシアのサバ州、フィリピンのパラワン島、そしてルソン群島を経て、台湾とフィリピンの間にあるバシー海峡の真ん中に終わる。この線は、任意に描かれたものにすぎないし、正確な座標を欠いていることがその特徴だ。中国の主張に対して、ベトナムは反論するとともに、二〇〇九年九月に国連大陸棚限界委に宛てて独自の報告書を提出した。

3　U字型線は法的根拠を欠く

今日に至るまで、中国と台湾の学者によって、U字型線の法的性格についてのいくつかの解説が行われてきたが、その内容は各種各様に異なり、しどろもどろだ。

高之国によれば、海の国境を示すよりは、九段線内部の諸島の領有権を主張したものである。高之国は「中国の文書を注意深く研究すればわかるように、中国は南シナ海のすべてを要求したことはない、九段線内部の諸島と周辺水域を要求したものである」と。

趙理海によれば、九段線は、南シナ海における中国の領域と主権を代表するもので、少なくとも一五世紀以降、南シナ海の諸島が中国の領域に属するという海洋領域を確認するものだ。線内のすべての諸島と近隣水域は中国の法的管轄権の下にある。

焦永科（海洋法研究者）は、南シナ海の境界内の水域は、中国の歴史的領有権を構成する水域である。これらの水域は、中国の特殊な排他的経済水域と歴史的な排他的経済水域であり、それゆえ一九八二年の国連海洋法にいう排他的経済水域と類似の状況を享受する、という。

海洋法学者の趨克渊は、中国は歴史的領有権をもつ。これは排他的経済水域または大陸棚と類似の法的状態だと主張する。

趙国材教授（台湾政治大学）は、中国は九段破線内の岩島、浅い岩礁、砂州と水域に対して歴史的権利をもつ。南シナ海は当時広く中国の歴史的水域と認められていた、という。

潘石英（中国軍事科学院海洋戦略研究所）はいう。「中華人民共和国はこれらの地図の発行を通じて、国際社会に対して三つのメッセージを送ろうとしている。この境界線内の岩礁と水域は、歴史的に中国の主権と法的権利に属する。九段破線は南シナ海の四つの群礁と群礁を囲む沿海線との中間線を描いたものだ。これは当時占領・領有・管理のうえで合法的であった。この破線で囲まれた水域は、歴史的に中国の内海という実質をもつ」と。

4　台湾研究者の議論と見解

北京側はU字型線の法的性格の説明に失敗しているが、台湾当局は主として歴史的水域だと主張している。二人の台湾の学者宋燕輝・俞剣鴻は一九八八年に中越の海軍が南沙諸島で衝突したときに、その見解を明らかにした。

宋燕輝（中央研究院欧米研究所研究員）、俞剣鴻によれば、集まった学者は、この問題で対立する二つのグループにわかれた。Ａグループは、中華民国の歴史的水域であると主張した。その根拠は第一に、この地図が一九四八年に刊行されたとき、他国からのいかなる反対も反応もなかったこと。第二に、線で封じられた歴史的水域は海洋法の群島国規定に矛盾しないこと。

Ｂグループは、この見解に反対し、歴史的水域の概念は時代後れであり、台湾当局の主張には難点があると批判した。難点にもかかわらず台湾の委員会は、Ａグループの主張を受け入れ、南沙諸島、西沙諸島、中沙諸島、東沙諸島は、台湾の不可分の領域であり、主権は台湾に帰属するとした。

一九九四年に台湾の行政院政務委員張京育は、Ｕ字型線の内側は歴史的水域であると述べたが、行政院はその後、見解を修正したように見える。たとえば、二〇〇九年五月の声明で、ベトナムとマレーシアの共同提案に反対しつつ、歴史的権利と歴史的水域については言及せず、領域と周辺水域に対する主権に的をしぼったように見える。

5　U字型線の法的性格、再論

二つの論点

第一にU字型線は公的要求になりうるか、第二に、台湾・中国の学者は「九段破線」内を「歴史的水域」と主張するが、これには国際法の根拠があるのか、である。

第一の問題については、中国政府が二〇〇九年五月七日付国連覚書にU字型線の地図を付したことが新たな解釈論争を引き起こした。この文脈で注目されるのは、小田滋国際司法裁判所元判事の提起したカシキリ／セデュデュ島のケースだ（ボツワナ・ナミビア間で争われたチョベ川の中州の島、カシキリ／セデュデュ島の領有権争い）。すなわち「領土の要求は、政府の明確な意図によってのみ主張できるのであり、この地図自体には、他の支援史料がなければ、政治的要求を正当化できない」という解釈である。

フランクスとベナーターの研究は、こう批判している。曰く、南シナ海の事例では、中国政府の明確な意図は、十分には明らかにされていない。すなわち中華人民共和国の二〇〇九年五月七日覚書においては、U字型線に関わる異なる解釈が行われている。複雑な文章構成と用語、たとえば関連水域（related waters）と周辺水域（surrounding waters）は、国連一九八二年の海洋法条約にはない用語で、読者の理解を困難にする。二〇一一年までにU字型線を国内法制において有効ならしめる立法を行わないという曖昧性によって、中国の意図はますます曖昧になっている。かくて、二〇〇九年五月七日付国連覚書において、U字型線の地図を送付したにもかかわらず、他の説明が欠如しているために、領有権の主張とは認められない。

国際法の下では、当該領域で主権を行使する意志を示すためには、当該国は公に行動をとる必要がある。秘密の行為は歴史的権利の基礎とはなりえない。少なくとも他の国が知る機会が得られるような形でなければならない。

歴史的湾の問題について

「歴史的湾」という概念は、ある限られた環境の下で、国際法が認めた主権を行使できる水域である。国連海洋法の規定の一〇条（六項）は、一〇条が規定した湾の公式標準には達しないが、一部の水域と湾について「歴史的湾」の存在を認めている。しかしながら、歴史的湾を拡大解釈した歴史的水域については広く受け入れられる定義は存在しない。広義では歴史的水域には、当該国が通常は権能をもたない沿岸国の水域に対する権益を含む。歴史的水域の権益の範囲は、それぞれの事例によって異なる。一九五一年に国際司法裁判所が認めた歴史的水域の概念は、沿岸に接続する水域に対してノルウェーの要求を認めたものだ。すなわち沿岸に接続しない水域に対して、歴史的水域を認めたものではない。

歴史的主権要求は一九五八年の領海と接続水域について適当な環境の下でのそれを認めている。

最近は、中米のフォンセカ湾について、国際司法裁判所は、歴史的湾と水域を認めた。

一九六二年に国際法律家協会は、「歴史的湾を含む歴史的水域についての法的地位」をテーマとした研究を行ったが、この研究には、歴史的主権要求の合法性を決定するうえで適用すべき基準の問題への答えが含まれている。研究に曰く、「ある国が水域の権能をもつか否かを決定するには少なくとも三つの要素について相対的な満場一致がなければならない。すなわち①当該国が歴史的要求をもつ水域に対して主権を行使していること、②主権の行使を継続していること、③他の国家が反対しないこと、である」。

他方、歴史的湾に対する権利は、他国による反対がないこととともに、当該地域に対する実効支配に基づくことも繰り返しておくべきだ。歴史的権能はいま実効支配されている主権の範囲よりも広いものではありえない。もし要求国が内海のように実効支配しているならば、当該地域は内海であろう。もし実効支配が領海に対して行われているならば、当該地域は領海であろう。

もしU字型線の内側の水域を歴史的水域と見なすならば、法的規制はこれらの水域に適用されるのか。もしこれらの水域を内海だと主張するならば、要求国は「破断線によって囲まれた水域が他国の内海に対する実効支配である以上は、間断なく実効支配を続けてきたことを証明しなければならない。もしこれらの水域を領海と主張するならば、要求国は、他国の領海への実効支配である以上は、封じられた水域（closed waters）に対する実効支配の継続を証明しなければならない。これは封じられた水域に対する要求と同様に適用される」。しかしながら実際には、次のごとくであろう。

内水に対する要求について

内水（internal waters）に対する法的規制の下では、沿岸国は領海の幅を計測する基線の内側に対して実効支配を行う。外国船は沿岸国の内海では、許可なしには無害通航権をもたない。では、U字型線で封じられた水域（closed waters）を内海と考えることはできるか。宋燕輝（Yann-huei Song）、王冠雄（Kuan-hsiung Wang、台湾師大）ら台湾の学者の答えは、否である。理由は以下の通りだ。

第一に、台湾当局はU字型線の内側を内水と主張したことはない。第二に、戦艦を含めて外国船はこの破断線の登場が中華民国の一九四八年の地図であることからして破断線の内側を通航している。そして台湾当局はこの地域における外国船の通航を妨げる行動を採ったことはない。

「領海」と見なす要求について

国連海洋法三条に基づき「協定の基線から測定して一二カイリを超えない範囲での領海の幅を定める権利を有する」。外国船は特に定めのない限り、沿岸国の領海を無害通航する権利のみを享受する。領海上空の空間は、外国の航空機は、無害通航権をもたない。そこで次の問題は、U字型線の内側の水域を中国の領海と考えることができるかである。その答えも否だ。外国の航空機は、これらの水域を地図が刊行された一九四八年以来、飛行してきた。上述のように、外国の航空機は沿岸国の領海上空について無害通航権をもたない。

群島水域の要求について

群島水域の概念は、第三次国連海洋法会議で導入された海洋法の新しい概念である。群島水域の基線からの直線が群島水域である。群島国家は群島水域にたいして実効支配する権利をもつ。国家主権は、「海底と土壌、そこに含まれる資源とともに、群島水域の空域にも及ぶ」。すべての国家の船舶は群島水域で無害通航権を享受する。

群島水域の法的枠組みは第三次国連海洋法会議で決定され、U字型線の地図は一九四八年に初めて刊行されたので、U字型線の内側の水域を群島水域として法的枠組みに入れることは難しい。台湾当局と中華人民共和国はU字型線の内側のすべての水域に対して実効支配も法的権利も行使していない。外国船と航空機は海における無害通航権と空における無害航空権ではなく、航海と航空の自由権を享受している。それゆえU字型線の内側のすべての水域は台湾の群島水域ではなく、中華人民共和国の群島水域でもない。

ベトナムの史書では、中国の領域は、海南島の崖県までと見なされてきた。外国人の描いた中国の領域地図も当時、同じ説明を行っている。オランダ東印度会社のゴイヤーとケイザーの描いた一七世紀の中国地図も「中国の南端は北緯一八度の海南島の南に始まり、北緯四二度に至る」

と解説している。趙理海（北京大）、潘石英（中国軍事科学院海洋戦略研究所）のような、一部の中国の学者は、「牛舌」ラインは、「中国の伝統的国境線」と述べている。

しかしながら、U字型線は、安定した通路ではないので、国際的境界線ではない。十一の破断線から、トンキン湾の二箇所を取り去ったが、これはあまりにも根拠薄弱だからだ。

中国の学者たちはこの線が破線となっているのは「将来の必要な調整のため」としている。他方、国際的境界線がそなえるべき最も重要な条件は、安定性と明快性である。しかしU字型線は明確な座標をもっておらず、境界線として示すのは難しい。

とりわけ、中華人民共和国の一九五八年の領海宣言の第一条は、次のように強調している。「中華人民共和国の領海は一二カイリである。この条項は、台湾諸島、澎湖列島および海によって大陸から切り離されたすべての島嶼を含む中華人民共和国の領海である」。かくて中国の一九五八年宣言は、大陸から分離されたすべての島嶼を定義しているが、歴史的水域は含まれていない。中国の内海の内側に海が存在することは可能であろうか。そのような非合理なものは存在しない。それゆえ中国当局の宣言と法令は、とりわけ中華人民共和国の一九五八年宣言は、U字型線自体と矛盾すると見られている。

一九九六年五月一五日の中国の基線についての宣言は、パラセル諸島を含めながらスプラトリー諸島に言及しなかったので、この曖昧さはいっそう増した。中国は「九段破線が発表されたとき、国際社会からいかなる反対もなかった。いかなる隣国も外交的抗議を表明しなかった。しかしながら近年、一部の東南アジア諸国が南シナ海の主権争いに関して九段破線の法的状況について異論を提起した」という。しかし上に示したように、U字型線に付された地図についての中国の曖昧な説明は、領土的主張とは考えることができないので、他の諸国は発言しなかったのだ。

加えて中国の学者の議論は、中国政府の公式声明と矛盾している。一九五一年九月のサンフランシスコ対日講和会議では、参加国の一つはパラセル諸島とスプラトリー諸島を中国に返還することに反対し、その後も、中国・ベトナム間でパラセル諸島を争い、ベトナム・マレーシア・フィリピン・中国の間でスプラトリー諸島の主権が争われ、「牛舌」線は、他の諸国によって承認されていない。中国が二〇〇九年五月七日に二つの覚書を国連に送って以後、ベトナムは国連に二〇〇九年五月八日付覚書を送り、中国の行為に抗議した。「パラセル諸島とスプラトリー諸島はベトナムの領土の一部である。ベトナムはこれらの列島に対して争う余地のない主権をもつ」と。中国の南シナ海における諸島と周辺水域における要求として覚書（CLM/17/2009 および CLM/18/2009）に付された地図は、「いかなる法的、史的、事実の根拠をもつものではなく、無効なものだ」。

ハノイの二〇一〇年七月二三日付宣言において、米国務長官ヒラリー・クリントンは、U字型線について「一九八二年海洋法を順守するものではない」と発言した。二〇一一年四月五日、フィリピンも国連に覚書を送り、中国のU字型線に反対した。曰く、中華人民共和国の「関連水域および海底と土壌に対する上述の覚書は、受け入れられない。第一に、カラヤーン島嶼群は、フィリピン国の不可分の一部を構成する。第二に、ローマ法の領有原則に基づけば、陸地が海洋を支配する。それゆえカラヤーン島嶼群の周辺水域と隣接水域は、必然的にフィリピン国が主権を行使する」（フィリピン国連代表部、二〇一一年四月五日）。

6　牛舌批判の結論

U字型線の要求は、一九四八年に中華民国の地理学者白眉初が主張したことから始まった。それ以来、台湾当局と中華人民共和国は、この地図に基づいて南シナ海の主権を要求してきた。この主権要求の真の目的は依然謎である。中国はいつも明快ならざる宣言をもって曖昧な主張を示してきた。しかしながら近年の中国の活動は、すべての水域とその資源を事実として要求している。国際法に基づく分析では、法的根拠を欠き、事実をもって歴史的根拠も示すことはできず、中国は、U字型線の性格およびその線によって囲まれた水域の性格について沈黙を守っている。中国の学者でさえも、この破断線で囲まれた水域の法的性格について互いに一致していない。

中国の学者は彼らの主張の有効性を証明しようと試みているが、外国の学者はより客観的な意見を提起している。バレンシアのグループは、「南シナ海を歴史的水域と考える中国の主張は現代の国際法の見方に耐ええない」と述べた（宋燕輝、俞剣鴻）。現行の国際法の下では、中国のU字型線を歴史的要求とすることは根拠がないと結論せざるをえない。「中国が歴史的主権を要求し南シナ海全体の主権を主張し、あるいは海底と土壌を要求するのは、現代の海洋国際法の包括的発展と矛盾しており、真剣な法的争点と考えることはできない」。

以上がベトナムのホワン・ヴィエト教授による中国批判であり、説得的な論理と考えられる。かくて国際社会は中国のU字型線を、いわゆる「暗黙の受け入れ」をしたとは、とうていいえないし、中国当局もまた終始曖昧な説明に終り、その趣旨を積極的に主張してはいない。

この点について、ビル・ヘイトンは、『南シナ海』でこう皮肉っている。中国は「(解決の困難な領有権の)主張を棚上げして、共同開発を押し進める」(三四三―四四ページ)ことをしばしば呼びかけている。そのためには、まず中国が自身の主張を正式に明らかにしなくてはならない。しかしながら、それこそまさに、「中国がやりたくないこと」なのだ。というのは、中国の官僚機構のさまざまな部門間で内紛が爆発するからだ。つまり、中国は九段線を主張する派と主張しない派とに引き裂かれている。この矛盾を解くカギは、九段線を最初に引いた中華民国の手に委ねられている、とビル・ヘイトンはいう。

「問題のラインがどんな偶然で描かれるに至ったのか、徹底的に検証すれば、絶対的真理として長らく宣伝してきた国粋主義的な神話を、一部なりとも再検討する気になるかもしれない」「中国の当局者が恐れているのは、この問題で譲歩すれば、台湾から強く批判されるのではないかということである」「台湾を統治している国民党政府が南シナ海における歴史文献的な衝突を縮小する方向に動けば、北京政府も同じことをずっとやりやすくなる」「平和な未来への鍵は、誠実で批判的な過去の検証にあるのかもしれない」（三五五―五六ページ）。

第6節　ASEANと南シナ海紛争

二〇一二年七月九日から一三日にかけて開催されたASEAN外相会議と関連諸会議では、南シナ海問題についてASEANの立場が表明されなかった。中国との関係について加盟国間で立場が異なり、この問題にどう取り組むかについて利害が対立したためである。利害対立は解消せず、ASEAN設立以来、初めて外相会議の共同声明が発表されなかった。またASEAN諸国は、南シナ海における行動規範に盛り込む要素についてASEANの方針を示すことを見送った。

さかのぼる二〇〇二年、南シナ海問題の平和的解決を目指して、ASEAN諸国と中国は「南シナ海における関係国の行動宣言」を発表している。この宣言では二つのことが謳われている。第一に、領有権をめぐる紛争の平和的解決を目指し、敵対的行動を自制することを確認したことである。第二に、軍関係者の相互交流や環境調査協力を実施することで信頼醸成を高めていこうというものである。係争国同士の対立激化を受け、二〇一一年、ASEAN諸国と中国は、行動宣言を発展させ、より拘束力のある行動規範の策定に取り組むことで合意した。この行動規範の性質について、ＡＳＥＡＮと中国だけでなく、ＡＳＥＡＮ内部でも意見の対立がある。争点は、行動規範を策定する上で行動宣言の二つの側面のうちどちらを重視するかである。

フィリピンやベトナムは、行動宣言の第一の側面を重視した。すなわち、行動規範を紛争解決のためのルールとしてとらえ、国連海洋法条約などに基づく解決方法を行動規範に盛り込むことを主張したのである。一方、中国は、行動宣言の第二の側面を重視し、共同資源開発や環境調査協力を通じた信頼醸成を高めることに重点を置くべきだと主張した。この問題で直接的利害をもたないカンボジアやタイなどはこの中国の主張に賛同した。

行動宣言の第一の側面である紛争解決を重視するフィリピンは、外相会議の共同声明に地域（具体的にはスカボロー礁）を特定して中国の敵対的行為に対する懸念を表明すべきだと主張した。また、ベトナムは、国連海洋法条約が定める排他的経済水域（ＥＥＺ）の尊重を明記すべきだと主張した。これらの主張についてインドネシアなどの一部の加盟国は賛同したものの、外相会議の議長国であるカンボジアが、中国からの経済支援を背景として中国を支持して反対したため、南シナ海の項目に盛り込む文言について合意ができず、外相会議の共同声明の発表は見送られた。

二〇一一年からＡＳＥＡＮ諸国は、行動規範に盛り込むべき要素について高級事務レベル会合において協議しており、フィリピンやベトナムの主張を踏まえ、ＡＳＥＡＮの方針として国連海洋法条約の紛争解決手続きの活用や規範遵守を監視する仕組みの構築、排他的経済水域の尊重などを盛り込むことに合意していた。ASEAN憲章ではASEANの紛争解決手続きの一つとして国際的な手段の活用が明記されており、国連海洋法条約の手続きを活用することは憲章の条文にも沿ったものである。ASEAN諸国は、この方針を下に中国との協議にのぞみ、年内までに行動規範を策定することを目指していた。

しかし、二〇一二年の外相会議では、ASEANの方針に中国が反対を表明し、協議のやり直しを主張した。中国は、領有権問題に絡む紛争の解決は係争国同士（二国間）に委ねるべきだと主張しており、多国間枠組みや海洋法の手続きを活用しての解決を望んでいない。そうした中国の意向をカンボジアやタイが支持したため、ASEANの方針を発表することは見送られた。このことは、ASEANの方針が今後の協議のたたき台として承認されなかったことを意味する。

行動宣言の第二の側面については、二〇一一年七月の外相会議で行動宣言を実施するためのガイドラインが発表されている。ガイドラインでは、係争国同士が環境調査や資源開発などを共同で実施する際に考慮すべき手続きや指針が示されている。中国はガイドラインの発表に同意し、二〇一二年の外相会議でも資源開発や調査・救助活動に向けて海洋協力基金の創設を提案し、三〇億元を出資するという意向を表明している。

つまり中国は、行動規範は信頼醸成を高める目的で策定されるべきだとしており、敵対的行動の自制（武力の不行使）の規範を盛り込むことには反対しないが、紛争解決方法を提示するものではないと主張している。

ＡＳＥＡＮ諸国と中国は、今後、行動規範の策定に関する協議を続けることには合意しており、九月以降、協議が開始される予定であったが、協議の出発点は定まらず、二〇一四～一五年にかけて、中国は埋め立ての実力行使に出た。中国海洋石油の開発のために開発された新鋭の浚渫船「天鯨号」はアジア最大、世界三位の能力をもち、一月も経ずして、島作りを達成する。特にファイアリー・クロス礁＝永暑礁に臨時の滑走路を完成させ、自走式の砲台を建設したことが各国を刺激している。

フィリピンは二〇一四年三月三〇日に海洋法常設裁判所（オランダ・ハーグ）に対して、中国を相手に仲裁を申請したが、その主な内容は以下のごとくである。

――①中国はいわゆる九段線（"nine-dash line"）によって、中国の「主権」と「歴史的権利」を主張しているが、これは海洋法と相容れない。②フィリピンＥＥＺ内のスカボロー礁（＝黄岩島）に中国はＥＥＺや大陸棚を持たない。③ミスチーフ礁（＝美済礁）、セカンド・トマス礁（＝仁愛礁）、スビ礁（＝渚碧礁）は中国の領海、ＥＥＺ、大陸棚ではない。④ミスチーフ礁、セカンド・トマス礁はフィリピンのＥＥＺ、大陸棚の一部である。⑤ガベン礁（＝南薫礁）、マッケナン礁（＝西門礁）、ヒューズ礁＝東門礁は、低潮高地（low-tide elevations）であり、領海、ＥＥＺ、大陸棚を持たない。⑥ジョンソン南礁（＝赤瓜礁）、クワテロン礁（＝華陽礁）、ファイアリー・クロス礁（＝永暑礁）は、ＥＥＺ、大陸棚をもたない。⑦中国は不法にも、フィリピンのEEZ、大陸棚で生活資源を開発している国民と船舶の活動を妨げている。⑧中国は不法にも、スカボロー礁で伝統的漁業に従事するフィリピン漁民の活動を妨げている。⑨中国はスカボロー礁とセカンド・トマス礁で海洋環境を保護し保存する海洋法の義務を履行していない。⑩ミスチーフ礁における中国の占領と埋め立ては海洋法の規定を無視したものだ。⑪中国はスカボロー礁を航行するフィリピンの船舶と衝突するような危険な行為を行い、海洋法の義務を蹂躙している。⑫二〇一三年一月にフィリピンが仲裁を申請して以来、中国はセカンド・トマス礁でさまざまの干渉を行い、フィリピンの航行の権利を侵害している。

これに対して中国外務省の洪磊副報道局長は二〇一四年六月四日の定例会見で、仲裁手続きについて「中国は受け入れないし、参加もしない」「この立場は変わらない」と述べ、陳述書提出を拒否した。しかしながら、仲裁裁判は一方の当事国が手続きを拒否しても審理が可能で、実際に審理入りすることになったことから、フィリピンに有利な判断がなされる可能性が高い。そこで中国は、仲裁法廷への参加拒否と同時に、フィリピンに対する反論を内容とする中国政府のポジション・ペーパー（Position Paper of the Government of the People's Republic of China on the Matter of Jurisdiction in the South China Sea Arbitration Initiated by the Republic of the Philippines. 2014.12.7）を発表した。これは九三項二八ページからなる長大なものである。

［コラム］「核心利益」をめぐる中国の外交部と軍部の対立

『人民日報』に「核心利益」(core interests) が初めて現れたのは二〇〇二年二月二八日の王緝思論文「同を求めて異を残し、大局を安定させる——『中米上海コミュニケ』発表以来三〇周年を記念して」(二〇〇二年二月二八日) であった。研究者ではなく、外交部の役人が「核心利益」を用いたのは、唐家璇の会見が初めてだ。唐家璇は台湾問題について、「中国の核心利益に関わる」と述べた (『人民日報』二〇〇三年一月二一日)。これはパウェル米国務長官の訪中一カ月前に、対米スタンスを明らかにしたものであった。「核心利益」を「国家安全 national security」のキーワードと結合して語ったのは、李肇星外相である (『人民日報』二〇〇六年九月三〇日)。「米中戦略対話」の冒頭で戴秉国国務委員がこれを語ったのは、二〇〇九年七月であった。これ以来、中国当局は「核心利益」を強調し続けている。尖閣については、二〇一〇年一一月二日、漁船衝突で日中が対立した当時、洪磊外交部報道官が質問を受けたが、「肯定も否定も」しなかった。これが当時の現状である。

南シナ海はどうか。中国は核心利益と主張したと初めて報じたのは『ニューヨーク・タイムズ』だが、これは後に誇張であったことが米国の研究者によって検証された。この記事が世界中をかけめぐったが、最も頻繁に書かれた国の一つは日本で「共同電 Kyodo, October 22,

2010」がその代表だ。この誤報について米国の研究者はこう書いている。「よく検証して見ると、中国当局は南シナ海が核心利益であるとは主張していない」。中国当局は「それを肯定することを避けた」「たとえば外交部姜瑜の二〇一〇年九月二一日記者会見を見よ」（Michael D. Swaine, *China Leadership Monitor*, NO. 36, WINTER 2011.）。慎重にニュースを読むチャイナ・ウォッチャーは気づいたことだが、共同電を筆頭に中国がやたらに「核心利益」を主張して攻撃的な海洋進出を行っていると見る誤解が広く行われたことには、中国側にも大きな責任がある。軍の強硬派の言論が誤解されたのだ。

ここで一つのエピソードを紹介したい。新日中友好二一世紀委員会第二回会合（二〇一〇年一〇月三一～一一月二日）を終えて帰国した元駐日本大使陳健委員は、北京に帰国するや早速日本記者団と特別会見を行い、次のように述べた。

曰く、南シナ海は中国の核心利益である（原文「是」）というのは、正しくない。南シナ海には中国の核心利益がある（原文「有」）というのが正しい。「である（是）」ならば、南シナ海全体が中国の核心利益になる。だが、われわれの領土ではない部分も多い。さらに南シナ海は国際公海であり、航行の自由がある。それゆえ南シナ海が中国の核心利益「である（是）」というのは間違いだ。南シナ海には中国の「核心利益もある」（含まれる）と言うべきなのだ。「もある（有）」とすべきところを、「である（是）」と述べた「一字の違い」が大きな誤解をまねいた。

陳健元大使の解説は当然であろう。すなわち南沙諸島の場合、すでに詳論したように、各国が実効支配している。この現状を無視して、「すべての島嶼を中国が実効支配する」「すべて核心だ」などと解する言説は、荒唐無稽なのだ。尖閣諸島の場合は、日本が実効支配を行い、中国も主権を主張している点で南シナ海のケースと似たところがある。そして米国の立場は南シナ海・東シナ海問題のいずれの海域でも、いかなる国にも与しない立場だ。

では、中国の立場はなぜ誤解されたのか。この点について陳健元大使は、『環球時報』の羅援少将の論文（羅援「美航母若進黄海将激怒中国民意」『環球時報』二〇一〇年八月一〇日）を名指しで、「南シナ海が中国の核心利益だとする見方」を批判している。すなわち南沙の一部岩礁等は中国が実効支配しているが、ベトナムやフィリピンも実効支配を行い、主権を主張している。

外交部と軍部とが鋭く対立したヒトコマを「領海法の審議過程」で見たが、スプラトリー諸島全体が中国の「核心利益」であるかのごとき発言を繰り返す軍部タカ派の立場と国際協調を使命とする外交部の立場が対立する事例が生ずることは当然であろう。ただし、引退したとはいえ外交部の元幹部が軍の少将を名指し批判するケースはやはり珍しい。われわれはここからタカ派とハト派の分裂を観察できる。南シナ海における各国のナショナリズムがオバマ政権のアジア軸足政策と並んで、この海域の風波を巻き起こしていることは、われわれが日々見ていることだ。

第7節　解決への道――南極の領有権問題の教訓

1　南極の領有権主張と南極条約による凍結

ウィキペディアによると、南極における領有権主張の一覧は、表5の通りである。南極は無人地帯であるが、一部の国は探検の成果により領有権を主張した。イギリス、オーストラリア、ニュージーランド、フランス、ノルウェーの五ヵ国は、それぞれの主張する地域を重ならないように調整したうえで相互に領有権を承認していた。これに対してアルゼンチンとチリがイギリスの主張する地域と重なる地域に独自の領有権を主張して対立を深めていた（図9）。

これらの領有権主張は、一九五九年の南極条約により全て凍結されて今日に至っている。しかし、凍結のままであり、放棄・否定されたわけではない。

なお、マリーバードランド（西経一〇三度〇一分から一五八度〇一分の地域）を含む、西経九〇度から西経一五〇度にかけての地域（ピョートル一世島を除く）は、現在のところどの国も領有を主張していない無主地である。

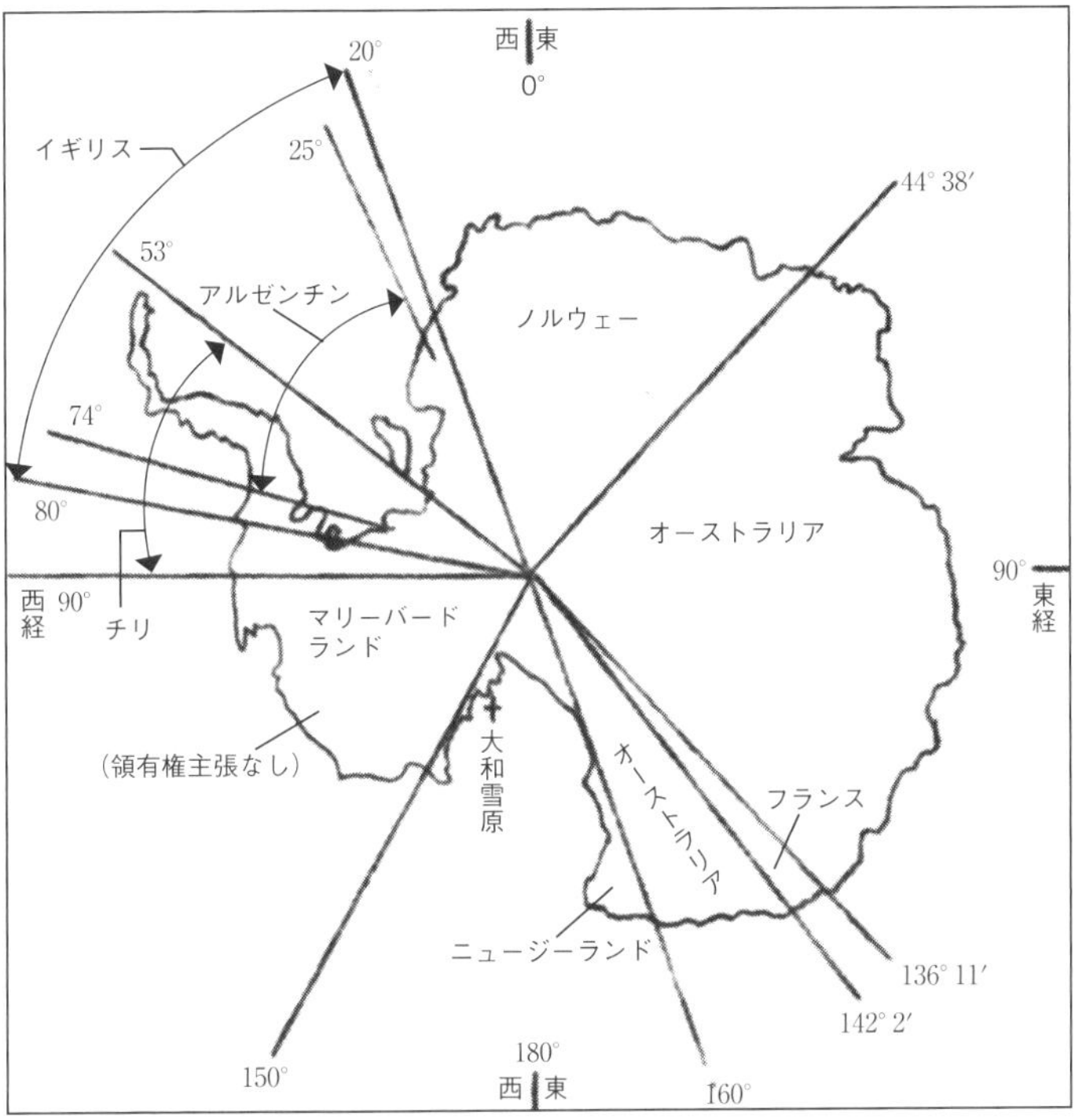

図9　南極大陸における各国の領有権の主張

表5　南極大陸における各国の領有権の主張

国	地域名	主張した年
イギリス	英領南極地域（英海外領）	1908年
フランス	アデリーランド（仏領南方・南極地域の一部）	1924年
オーストラリア	オーストラリア南極領土	1933年
ノルウェー	ドローニング・モード・ランド（クィーン・モード・ランド）	1939年
チリ	チリ領南極地域	1940年
アルゼンチン	アルゼンチン南極地域	1942年

上記以外の国の領有権主張は以下の通りである。

①ブラジルが「興味ある地域」としてブラジル領南極を提案している。

②ドイツは一九三九年に探検隊を送り、ドローニング・モード・ランドの一部を調査。この区域をノイシュヴァーベンラントと名付けた。ただし探検は極秘とされ、公式な領有権主張は行われなかった。

③日本の白瀬矗《しらせのぶ》は、一九一二年に最南端に到着した地点（ルーズベルト島南方のロス棚氷上）を「大和雪原」と命名し、日章旗を掲揚するとともに日本領を宣言した。ただし大和雪原の範囲は明確化されていないうえに、第二次世界大戦後のサンフランシスコ平和条約第二条e「日本国は、日本国民の活動に由来するか又は他に由来するかを問わず、南極地域のいずれの部分に対する権利若しくは権原又はいずれの部分に関する利益についても、すべての請求権を放棄する」において、日本国政府は南極地域の領有権を放棄しており、無効となっている。また、その後に大和雪原は陸上ではなく棚氷の上であることが判明したため、その点でも領有権主張に馴染まないことが明らかになっている。

2　南極条約と日本の役割

南極は気象条件が厳しいため人の定住が困難であり、長い間未踏の地であった。しかし一九〇八年にイギリスが南緯五〇度以南、西経二〇度から八〇度に至る範囲の諸島の領有を主張したのをきっかけに、他の国も南極の一定区画の地域の領有を主張するに至った。

国際法における国家領域取得根拠としては先占（occupatio）があるが、南極はその気象などのため実効的支配が困難であり先占の法理をそのまま適用するのは無理があるとして、先占がなくても一定の範囲で領域の取得を認めるとするセクター主義が主張された。

しかしながら、セクター主義には反対する国家も多く、国際法として確立するに至らなかった。他方、科学技術の進歩によって実効支配の可能性も大きくなり、「南極領土の獲得競争」が展開され始めた。それを阻止し、すべての氷棚を含む南緯六〇度以南の南極地域の継続的な平和的利用のために南極条約が締結された。もっぱら「平和的目的にのみ利用されるべき」と定め、一切の軍事利用を禁止し、地上および空中の自由な査察制度を設けた。すべての核爆発と放射性廃棄物の処分を禁止した。「平和利用のための核爆発」は最後までもめたが、「非核保有国・日本」のあっせんにより、一切禁止するという暫定協定でまとまった（「暫定」は、将来一般協定に格上げするという含み）。この点において「唯一の被爆国・日本」のイニシャチブは大きかったと評価されている。

南沙諸島においては、日本は特定の利害関係を持たないのであるから、南極の核禁止問題で発揮したようなリーダーシップをここでも発揮することが望まれる。

一九五七〜一九五八年の国際地球観測年で南極における調査研究に協力体制を築いていた一

二ヵ国が一九五九年一二月一日に南極条約を採択した。条約の核心は、南極地域の平和的利用、すなわち軍事的利用の禁止規定である。具体的には、科学的調査の自由と国際協力、南極地域における領土主権・請求権の凍結、核爆発・放射性廃棄物の処分の禁止、条約の遵守を確保するための監視員の設置、南極地域に関する共通の利害関係のある事項についての協議の実施が掲げられている。

二〇一六年二月時点における南極条約の締約国は五三ヵ国である。このうち、南極に基地をもち、あるいは調査活動を行っている国は二九ヵ国あり、これは「協議国」と呼ばれ、南極条約の運用は、この「協議国」の回り持ちによって行われている。なお、南極条約成立前のセクター主義にもとづく領域の主張は、条約上は、否定も肯定もされているわけではない。。

ここから、南極の資源保護を優先させて、領有争いを凍結した知恵を想起して、領海画定問題を棚上げする提案も生まれた。

趨克淵は、南極問題の扱いから生まれたいくつかのアイディアは、「まだ萌芽的な段階ではあるが、南シナ海において永続的な平和と協力を維持するために国際法に基づく地域秩序を漸進的に発展させていくために」、何らかの役割を果たしうるのではないか、と示唆している。いわゆるグローバル・コモンズの発想だ。

一九五九年に調印され、一九六一年に発効した南極条約をきっかけとして、この条約における「領土権の凍結」や「平和的利用、国際協力の促進」といった平和を重視する姿勢は、一九六〇年代以降に進む核不拡散条約調印などの世界的な軍縮基調へと発展してきた。グローバル・コモンズとは、地球規模で人類が共有している資産を指し、「国際公共財」と訳される。そもそもコモンズとは、イギリスの地域で牧草を管理するために行われた自治制度のコモンズ commons に由来する名称で、今日では、入会地や公海の水産資源など、だれもが利用できる共有資産をいう。そのため、地域住民だけが利用できる共有材のローカル・コモンズに対してグローバル・コモンズが存在し、それは主権国家の管轄を超えて人類全体が生存していくために必要とする大気や大地、太陽、海洋、水、気候、氷層界といった、世界が共有している生態系そのものをさすととらえられる。さらに、宇宙やサイバー空間、国連や国連のＰＫＯ、国際条約といった、人類が平和に存在していくために必要な多くの活動までをも含む名称になっている。

むすび——南シナ海にグローバル・コモンズの知恵を

南シナ海におけるスプラトリー諸島（南沙諸島）の領有権争いは、人類が経験した最も複雑な領有権紛争である。

第一に、日本の戦後処理問題において、日本はこれらの島嶼を放棄しただけで、その帰属は決定していないこと。第二に、海洋法条約の長期間にわたる形成過程と、これらの島嶼の実効支配の過程が重なること。第三に、海洋法条約の排他的経済水域と大陸棚圏の定義を南シナ海に適用した場合に、定義の曖昧さと地形の複雑さが相乗効果を伴って、海洋境界の画定（線引き）が極度に複雑になること。これらの諸条件のためである。

南極条約の成立過程で、平和の維持とともに、人類のグローバル・コモンズの保護や環境保護の意識が高まった。これらの経験と知恵を十分に活かすことなしには、スプラトリー諸島の領有権争いを解決することは不可能である。人類の英知が試されている。

著者が日本人として特に強調しておきたいことがある。日本はサンフランシスコ条約第二条eにおいて、「南極地域のいずれの部分に対する権利若しくは権原又はいずれの部分に関する利益についても、すべての請求権を放棄する」と宣言し、その身軽な立場から、南極条約に関わる諸問題において、積極的な貢献を行ってきた。その一つが「グローバル・コモンズ」の思想である。しかしながら、日本はいま隣国から、この思想に違反していると非難されている。

読者はもうお気づきか。沖ノ鳥島の「岩」を「島」にするために、日本が行っている行為は、「グローバル・コモンズ」に対する挑戦だと中国が批判しているのだ。むろんこれは泥仕合だ。沖ノ鳥島の海洋境界画定問題については、「中国は、この海域では日本と領海を接していないから発言権はないはずだ」と日本が口上書を述べたことに対して、中国は「グローバル・コモンズ」をまもるために、沖ノ鳥島は「島ではなく、岩だ」と主張したことを明らかにしている。

これに対しては、では、南シナ海における人工島作りは、グローバル・コモンズの保護とどう関わるのかという批判は容易だ。こうして日中の泥仕合が、グローバル市民の顰蹙を買っている事実をわれわれはまず正しく認識すべきである。

〔コラム〕「ものいう中国」とどうつきあうか

「話語権」という新語に筆者が気づいたのはいつか、思い出せない。しかし、筆者はすぐにその含意を察することができた。手元の解説を読むと「話語権とは、話をする権限であり、世論をコントロールする権利」などと説明してある。その背景としてイタリア共産党の元指導者グラムシが一九二六年以来長期に投獄されたときに、「文化の指導権（ヘゲモニー）」を考察し、労働者階級はコトバ＝文化を通じてブルジョア階級から文化を奪い、政治権力を奪うことを考察した、などと背景を説いている。別の資料は、フランスの哲学者ミシェル・フーコーが一九七〇年代に書いた『言語表現の秩序』から、言語は人間の闘争の手段であり、目的だと述べた個所を引用している。まもなくグラムシ語録、フーコー語録で権威づけた論客のタネ元は『求是』（二〇〇九年五月五日刊、「話語権についてのいくつかの考察」）であることがわかった。いかにも中共中央の理論機関誌のスタイルだ。

その背景も読めた。北京五輪に際して中国当局は、チベット問題について懸命に解説したが、国際世論の理解を得ることはできなかった。これはとりわけ世界を駆けめぐった聖火リレーに際して、世界各地で見られた現象だ。これからはいよいよ「話語権」を強めるために努力しなければならない……。なるほど。つまり「話語権」が市民権を得たのは、北京五輪に際して北京発のメッセージが世界に広まらない。この欲求不満を解決したい。この欲求不満を説明するコトバとして、市民権を得たのが新語・話語権なのだ。

さて、中国の人々がこのように「自己認識」していたとき、中国の外部の人々は、まるで逆の認識をしていたように思われる。それが「ものいう中国」(assertive China)「うるさ型の中国」という中国イメージだ。英文のチャイナ・ウォッチャーの分析を読むと、最も目立つキーワードの一つがこれである。assertという動詞は、「主張する、断言する」の意味だ。これが形容詞assertiveになると、いつも自らの意見、見解をはっきりもの申す中国というイメージになる。つまり「口うるさい中国」と外部では見られているときに、当人は「真意をわかってもらえない」と欲求不満に陥っていた。これこそが北京五輪前後に、「平和的勃興」(=和平崛起)と中国が繰り返す度に、「うるさ型の、武力にものを言わせる中国」と外部では見られていたすれ違いの状況なのだ。

その背景を著者はこう読む。鄧小平は八〇年代初頭に改革開放を始めたが、九〇年前後に「内なる天安門事件と外なるソ連解体」が起こり、重大な路線の危機に直面した。鄧小平は「韜光《とうこう》養晦《ようかい》」で危機を乗り切ることを決断した。わかりやすくいえば、徹底的に低姿勢のスタンスで嵐をやりすごす作戦だ。

バルト三国や東欧のチェコ、ポーランド、ハンガリーなどがソ連圏から脱して冷戦が終り、米国は一人勝ちを自画自賛したものの、「奢れる米国」を直撃したのは、リーマン・ショックであり、その救済役さえも期待されるほどに、中国経済は実力を蓄えるに至っていた。つまり鄧小平の「韜光養晦」は、見事に成功し、次の段階を模索し始めた。ここから、低姿勢の対外スタンスを改める風潮が自然に蔓延したのは、無理からぬところであろう。それが「核心利益」であり、その無理解を嘆くコトバこそ「中国には、話語権がない」という不満にほかならない。

いまや五輪を成功させ、金メダル比べにおいて、有史以来の大量獲得を誇る中国が国際社会で半人前扱いされるのは納得できない。保守派や軍のタカ派の論客たちは、この主の欲求不満を繰り返して、ナショナリズムを煽った（ちなみに中国は国連安全保障理事会の常任理事国の一員として拒否権をもつ）。

これらタカ派の論調は、チベット問題であれ、ウィグル問題であれ、あるいは台湾問題であれ、世界に大きく報道され、経済発展を踏まえて格段に軍拡を行ってきた中国の行方に不安を与え始めた。中国脅威論が声高に語られるかと思えば、一方で中国経済のバブル崩壊論が語られ、他方で世界経済の救世主として期待もされるという矛盾した中国像が世界にあふれた。

経済発展の結果、二桁成長でＧＮＰ大国になった中国は、軍事費も対応して二桁成長を続けてきたので、二一世紀初頭には、ソ連に代わって米国に迫る軍事大国に成長した。その軍事力のなかでも誘導ミサイルと海軍（空母がその象徴）の発展はめざましく、それが海洋進出の後支えとして注目を浴びるようになった。

日本が尖閣の国有化という愚策を行ったのは、日本国内の「尖閣を奪われる、沖縄を奪われる」とする虚偽宣伝によって、国内世論を醸成することに成功した結果にほかならない。日本のナショナリズムを海の対岸から支えたのは、まさに核戦力を含む中国の軍拡であった。この日中尖閣騒動が南シナ海に飛び火した。

フィリピンのナショナリズムは、国連海洋法裁判所にスカボロー礁の奪還を提訴させた。中国は中華民国政府の提起した牛舌線が現行海洋法の規定になじまないことから、裁判ボイコットの方針を固めると同時に、既成事実作りが先決と決断した。

中国が実効支配する三つの岩礁において埋め立てを行い、三〇〇〇メートル級の滑走路を三つの岩礁に設けるという荒技を二〇一四年後半から二〇一五年前半に強行したのは、オバマ大統領の「リバランス」政策という名の中国封じ込めへの積極的対抗策に出たものと解してよい。わずか数カ月間で、滑走路三本建設という技術力は、海洋石油の開発のために準備した大型浚渫船（たとえば天鯨号）の優れた浚渫・掘削能力にものを言わせた。

南シナ海の島嶼の領有権問題がいかに複雑か、それゆえ領海の画定が極度に困難な事情は、すでに説明した。複雑な要素を抱えているために、時間をかけて一つひとつ、協議を重ねていくほかに解決の道はない。この地域の海上航路がグローバル経済の最も重要な路線であることを考えれば、この領海における領海線引きが当事国だけの利害ではないことは明らかだ。

日本としては、一時この地域の島嶼を領有し、敗戦後放棄した歴史を忘れてはなるまい。その意味で繰り返すが、たとえば「南極の領有権」についてサンフランシスコ平和条約で一切を放棄したために、南極の環境保護や資源開発に自由な立場でグローバルな視点からイニシャチブを発揮できた教訓を想起すべきである。

この条件は南シナ海においても活かすことのできる「自由な第三者」の立場である。石橋湛山はかつて「満蒙放棄論」「小日本論」を唱えた。この故知に学ぶならば、領海における「小日本論」こそが、日本だけではなく、国際的に求められている。

とはいえ現実の日本は、あえて火中の栗を拾うかのごとく、危うい選択に身を投じかねない有様だ。南シナ海の紛争を鎮めて平和の海とすることに日本は貢献すべきである。この紛争に無用の介入を行うならば、大東亜戦争の二の舞を演じることになる。「より大きな話語権」を要求したい中国と、相手側からは「ものいう中国」、ひいては「攻撃的な中国」と誤解され始めた大国との間に立って、日本は何をなすべきか、日本にできることは何か。

第2章　沖ノ鳥島は「島」か「岩」か

一五六五年スペイン船サンペドロ号が太平洋上に珊瑚礁の無人島を発見して「パレセベラ」Parece Veraと名付けた。スペイン語で「帆のような」と名付けたのは、珊瑚礁の形が帆に似ていたからだ。一九三一年若槻礼次郎内閣（第二次）が領有を閣議決定、「沖ノ鳥島」と名付け、東京府小笠原支庁に編入した（内務省告示一六三号）。一九三七年気象観測所と灯台の建設工事のための調査団が派遣されたが、太平洋戦争の勃発で中断した（ただし、南露岩の流失を確認し、数回にわたり基台ブロック工事が行われた）。一九五二年サンフランシスコ条約が発効し、米国の施政権下に置かれた。沖縄返還に先立ち一九六八年に日本に返還された。発見時より風化・海食が進行し、今日、東小島・北小島をのぞいて満潮時は海面下に沈んだ状態である。

沖ノ鳥島がもし「島」として認知され、島の特権として二〇〇カイリあるいは最大三五〇カイリに迫る「大陸棚延伸」が認められるならば、四国海盆海域よりも大きい九州パラオ海嶺南部海域の延伸大陸棚が得られる目論見であった。実際にはまず南鳥島について否定された。四国海盆

沖ノ鳥島（国交省京浜河川事務所ホームページより）

海域と小笠原海台海域は認められたものの、より大きな九州パラオ海嶺南部海域は先送りされた。
　その結果、沖ノ鳥島の周囲の排他的経済水域にも疑問符がついた。この場合、日本政府（海上保安庁）の言う「領海＋排他的経済水域＋延長大陸棚」の総計四六五万平方キロメートルは、少なくとも四〇〇万平方キロメートル程度に減少するであろうし、海保のいう「外国との未画定の海域における地理的中間線」（これは主として中韓が沖縄トラフまでの大陸棚の自然延伸論を申請した事実を指す）の行方を考慮するならば、もっと大幅な減少を想定しなければなるまい。この意味で、海上保安庁が「最大の可能性図」を描き、国連大陸棚限界委の勧告の意味を曖昧に説明しているのは、きわめてミスリーディングなのだ。
　現実には、中国と韓国の連合軍が「沖ノ鳥島は海洋法の『島の定義』にはあてはまらない。『岩

本概念図は外国との境界が未画定の海域における地理的中間線を含め便宜上図示したもの

国土面積	約３８万 km²
領海（含：内水）	約４３万 km²
接続水域	約３２万 km²
排他的経済水域（含：接続水域）	約４０５万 km²
延長大陸棚※	約１８万 km²
領海（含：内水）＋排他的経済水域（含：接続水域）	約４４７万 km²
領海（含：内水）＋排他的経済水域（含：接続水域）＋延長大陸棚※	約４６５万 km²

※　排他的経済水域及び大陸棚に関する法律第２条第２号が規定する海域

Copyright (C) Japan Coast Guard, All Rights Reserved.

図１　日本政府（海上保安庁）が説明する日本の領海・排他的経済水域・延長大陸棚

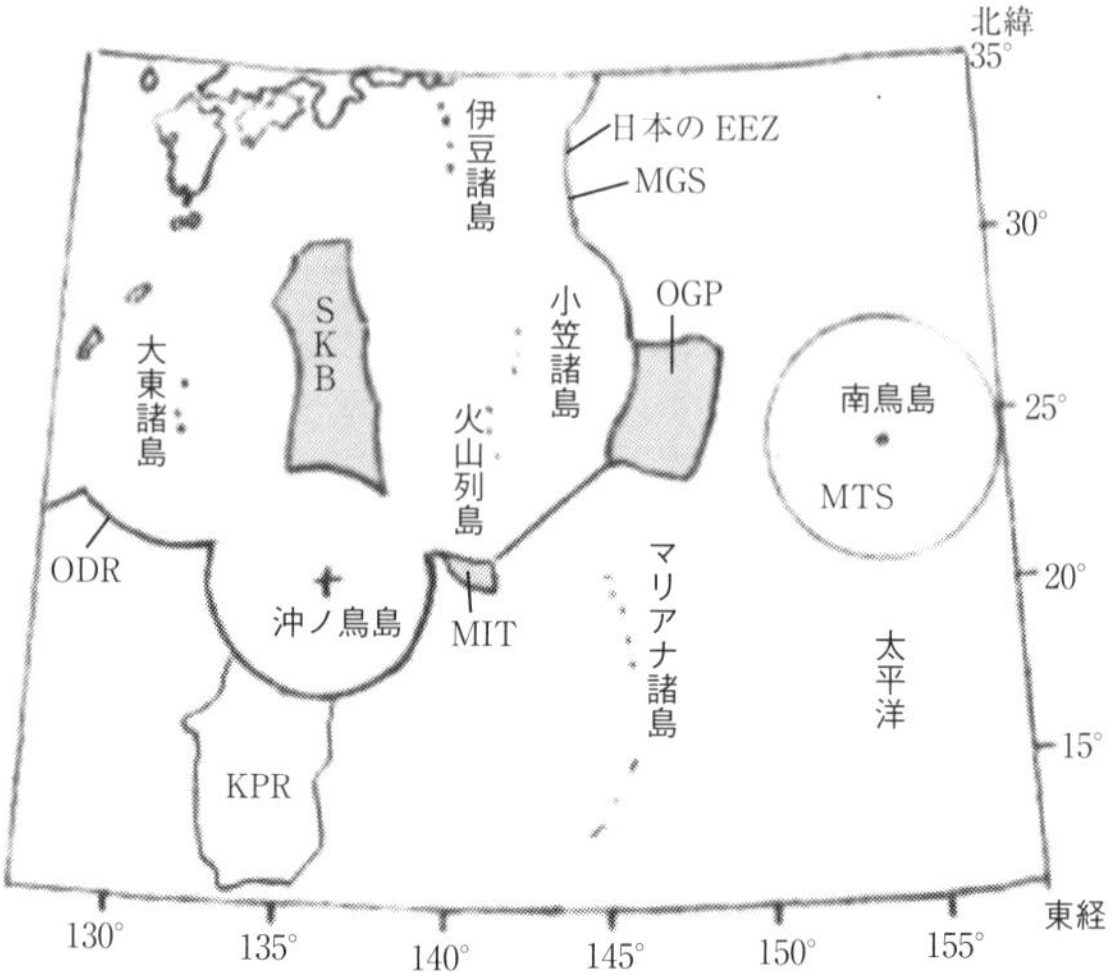

図２　日本が申請した大陸棚の延長

注）九州パラオ海嶺何部海域（KPR）は、国連大陸棚限界委によって、「先送り」とされた。アミかけ部分（SKB、OGP、MIT、ODR）は、大陸棚延長申請が認められた。

にすぎない』から、①排他的経済水域が認められないだけではなく、②大陸棚延伸もありえない」と主張し、国連の大陸棚限界委員会はこの中・韓の主張に配慮した。日本政府のメンツを配慮して慎重な言い回しをしたが、現状では日本の申請は認められないものと解すべきだ。現行海洋法条約の「島の定義」（一二一条三項）による限り、沖ノ鳥島は国際的に「岩」扱いのロッコール島の運命だ。中韓の反対を無視して、大陸棚限界委員会が、沖ノ鳥島を「島」と認めた上で大陸棚延伸（九州パラオ海嶺南部海域）の勧告を出す可能性はない。この厳しい現実を国民は知るべきであり、政策判断の間違いは批判されてしかるべきである。

第１節　ロッコール島の行方

日本の沖ノ鳥島を北大西洋に浮かぶ岩、ロッコール島（Rockall）と比較対照する見方がある。この島は岩とも呼ばれるが、海食柱（海によって岩盤が侵食された結果形成された、急峻な斜面を持つ柱のような形状の岩）の一つだ。場所の座標は、北緯五七度三五分四八・一二秒、西経一三度四一分一八・九六秒である。スコットランドのノース・ウイスト島西端部の、マニッシュポイントの西方沖合約三六八キロメートルに位置する。海面から突出した塔状の岩（高さ約二三メートル、直径二七メートル）で、それ自体に利用価値はない。しかしながら、それに伴う領海および排他的経済水域ＥＥＺの面積とその海洋資源は莫大であると考えられたため、イギリスのほか、アイルランド共和国、デンマーク（フェロー諸島の一部として）、アイスランドの四ヵ国が領有権を主張している。

さて一九八二年に採択され、一九九四年に発効した「国連海洋法条約」の一二一条三項には、「人間の居住又は独自の経済的生活を維持することのできない岩は、排他的経済水域又は大陸棚を有しない」と書き込まれた。この定義は「島の制度」の規定として有名だが、これによるとロッコール島は、島の定義に合致しないから、排他的経済水域を持たない。イギリスはこの定義

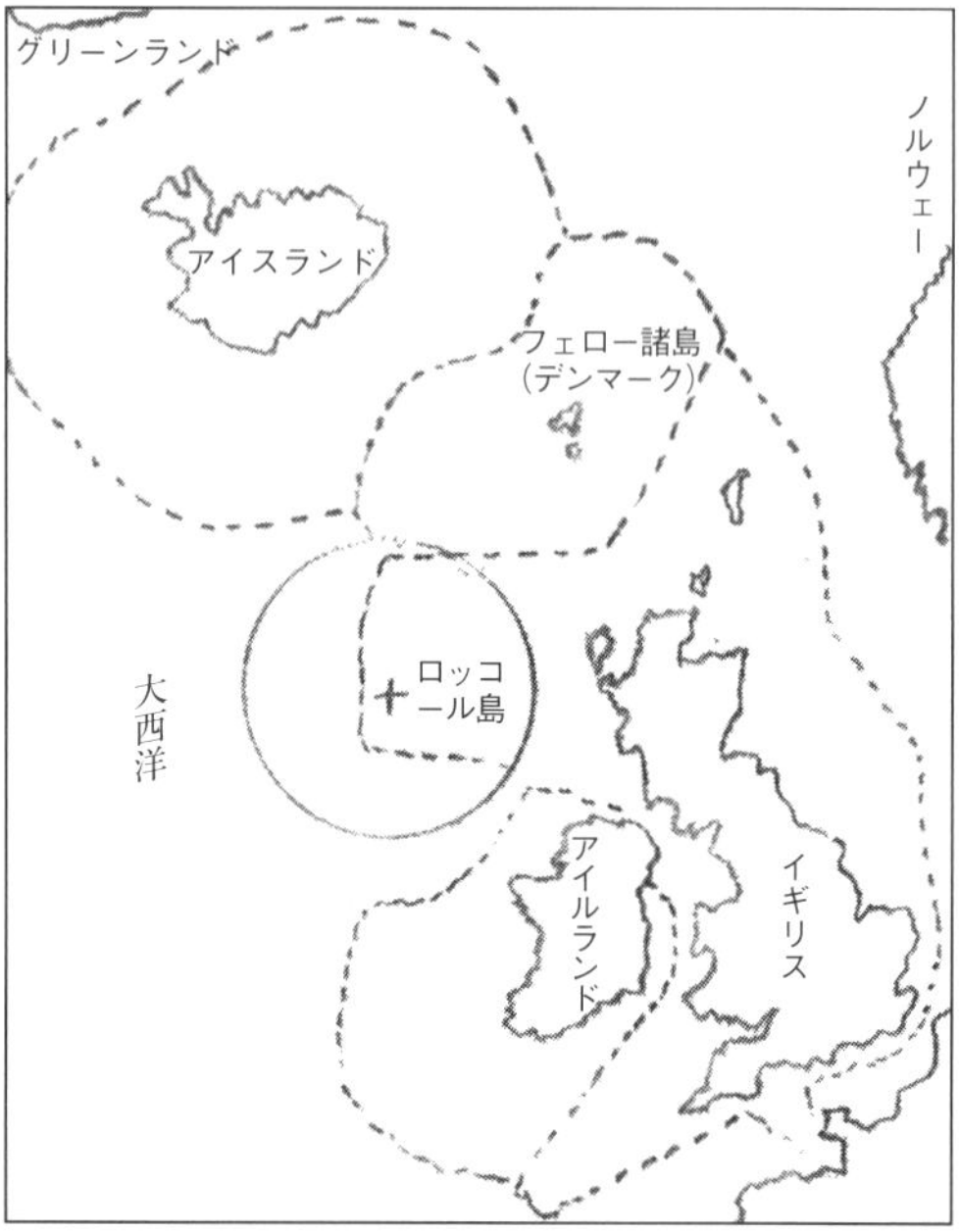

図3　ロッコール島

ロッコール島

を尊重して、ロッコール島の排他的経済水域と大陸棚に関する主張を放棄したが、ロッコール島を自国領とする上述の三ヵ国は、それぞれの主張を限界委に提起したままである。委員会は、以後審議延期、すなわち棚上げを続けている。

なお一九九七年に環境保護団体「グリーンピース」が、油田開発に対する抗議活動の一環としてロッコール島に小屋を建て、占領するハプニングが起こった。彼らはロッコール島を「グローバル・ステート・オブ・ウェーブランド」と名づけて独立国家の樹立を宣言したが、イギリス政府はこれを無視した。以上の過程を限界委の討議で見ておこう。

限界委の活動を記したＣＬＣＳ六四号（二〇〇九年一〇月一日）に、ハットン・ロッコール海域について英国の申請を限界委の議長は以下のように議題一二として掲げ、説明している。内容を四一〜四六項に分けて説明した。

四一項。二〇〇九年八月二五日、限界委への説明が英国代表によって行われた。

四二項、英国は「科学的技術的助言」を限界委の他のメンバーから得ていないと述べた。

四三項、「議事規則」Ｉの二ａ、すなわち「ロッコール海域について申請を行った関係沿岸国［デンマーク、アイスランド、アイルランド］からの通告」を英国は、受けていないと述べた。アイルランドと英国は一九八八年に二国間線引き協定に達しており、アイルランドの申請に反対しないと述べた。

四四項、二〇〇九年五月二七日付デンマークの口上書については、申請する立場を理解するが、これによってアイルランドと英国の態度に変化はないと述べた。

四五項、二〇〇九年五月二七日付アイスランドの口上書については、事前の態度表明のないことに遺憾の意を表明した。

四六項、限界委はそれから非公開で会議を行い、審議の延期を決めた。

二〇〇九年に始まった棚上げは、その後二〇一一～二〇一五年の五年間にわたってCLCS七〇号（二〇一一年三月七日～四月二一日の二七会期の議事要録四二項）、CLCS七六号（二〇一二年七月一五日～八月二四日の三〇会期の議事要録二四項）、CLCS八〇号（二〇一三年七月三〇日～八月三〇日の三二会期の議事要録一二項）、CLCS八三号（二〇一四年一月一四日～三月一四日の三四会期の議事要録一四項）、CLCS九〇号（二〇一五年七月二〇日～九月四日の三八会期の議事要録一六項）において延期を繰り返し今日に至っている。

各国ともそれぞれの主張を撤回するわけにはいかないが、相手国側の事情を認めるとすれば、解決への道は探し出せない。そこから「限界委は、それぞれの小委員会の設立をさらに延期することを決定した」。ここで言及されているのは、ミャンマー、イエメン、フィジー、南シナ海におけるマレーシアとベトナム、ケニアなどのケースである。ということで、「さらなる延期決定」以外に道はない。「永遠の先送り」というのがロッコール島の現状だ。外交問題の処理に慣れた関係国ならではの、大人の対応とみるべきではないだろうか。

なお、第一二一条の定める「島」か「岩」かの基準の具体化は、「国家実行」と判例法の今後の積み重ねによることとなるが、諸外国の「国家実行」を見ると、こうした「島」の周囲への排他的経済水域設定に対して他国からクレームがつく事例は、枚挙にいとまがない。たとえば、カリブ海では、ベネズエラが米国、オランダ及びフランスとの間で、領有するアベス島を基点とする排他的経済水域を完全に認める協定を締結しているが、他の周辺諸国からはアベス島が「岩」であるとの抗議を受けている。姿も名前（「アベス」は「鳥」の意）も沖ノ鳥島と似ており、「カリブ海の沖ノ鳥島」と呼ばれている（加地良太「沖の鳥島をめぐる諸問題と西太平洋の海洋安全保障」『立法と調査』二〇一一年一〇月）。

第２節　大陸棚延長をめぐる日中韓の駆け引き

日本の大陸棚延長申請

国連海洋法条約は一八八二年に採決され、一九九四年に発効した。日本は一九九六年六月二〇日に九四番目の締結国となった。中国は日本に先立ち六月七日に締結し、韓国はもっと早く一月二九日に締結国となっていた。条約締結とともに、「領海および接続水域に関する法律」を改正し、「排他的経済水域および大陸棚に関する法律」を新たに設けて公布した。この法律により沖ノ鳥島周辺海域は「排他的経済水域」として設定された。

しかしながら、中国政府は二〇〇三年、日本政府に対して沖ノ鳥島周辺海域を排他的経済水域に設定したことに異議を唱え、二〇〇四年にも同様の異議をくり返した。日本は海洋基本法を施行するとともに、二〇〇七年沖ノ鳥島灯台の運用を開始した。この灯台は二〇〇五年以来、東京都が同島周辺海域での漁業操業等への支援のために、取り組みを強化してきたものだ。

日本政府は二〇〇九年、国連大陸棚限界委員会（ＣＬＣＳ）に対して、沖ノ鳥島を基点とする排他的経済水域および二〇〇カイリを超える範囲における大陸棚延伸提案を国連の場での承認を求めるべく申請した。

具体的には、二〇〇八年一一月に同委員会に対して「七海域、約七四万平方キロの大陸棚延伸」を申請した。七海域とは、①小笠原海台海域（略称ＯＧＰ）、②南硫黄島海域（略称ＭＩＴ）、③四国海盆海域（略称ＳＫＢ）、④沖大東海嶺南方海域（略称ＯＤＲ）、⑤九州・パラオ海嶺南部海域（略称ＫＰＲ）、⑥茂木海山海域（略称ＭＧＳ）、⑦南鳥島海域（略称ＭＴＳ）である（図２）。

日本の申請に対する中国、韓国の異議

これに対して、中国と韓国が異議を唱えて、それぞれ口上書を提出した。中国の二〇〇九年二月六日付け口上書はつぎのように述べる。

――中国政府は日本提案の「エグゼクティブ・サマリー」を慎重に検討した。そして沖ノ鳥島の基点から二〇〇カイリを超えて延伸される大陸棚を、四国海盆海域（ＳＫＢ）、南硫黄島海域（ＭＩＴ）、九州パラオ海嶺南部海域（ＫＰＲ）とともに研究した。いわゆる沖ノ鳥島は、実際には海洋法一二一条三項で言及された岩であることに注目すべきだ。それゆえ中国政府は、限界委のメンバー諸氏が各国政府代表とともに、日本提案書の沖ノ鳥「岩」を大陸棚延伸から除外するよう、留意されることを望む。岩にすぎないものを島として扱い、二〇〇カイリの排他的経済水域および大陸棚延伸の対象とすることは海洋法の条項に背く。

第３節　大陸棚限界委が採択した勧告

１　先送りされた大陸棚延伸

大陸棚限界委は、二〇一二年四月、審議の末に勧告書を採択した。

勧告書によれば、申請した七海域のうち四海域、すなわち①「南硫黄島海域」（ＭＩＴ）、②「小笠原海台海域」（ＯＧＰ）、③「沖大東海嶺南方海域」（ＯＤＲ）及び④「四国海盆海域」（ＳＫＢ）について「その一部又は大部分の延伸申請」が認められ、日本の国土面積の約八割に相当する約三一万平方キロメートルが新たに日本の大陸棚として組み込まれることとなった。

しかし、⑤「南鳥島海域」（ＭＴＳ）及び⑥「茂木海山海域」（ＭＧＳ）に関しては、大陸棚延伸が否定された。延伸の基線となる斜面脚部（FOS = Foot of the Continental Slope）が条件を欠いていたからだ。

沖ノ鳥島の南に位置する⑦「九州・パラオ海嶺南部海域」（ＫＰＲ）については、「口上書に言及された事項」（中国、韓国が指摘する沖ノ鳥島が島か、岩か、という地位に関する疑問を指す）が解決されるときまで、「本海域に関する勧告を出す状況にはない」として、勧告は「先送り」された。日本政府は引き続き努力すると語ったが、現状を見るかぎり、中国と韓国が沖ノ鳥島を島と認定することに同意する見込みはない。言い換えれば、岩でしかない沖ノ鳥岩に二〇〇カイリを超える大陸棚延伸の特権が国際的に認知される可能性は、絶望的だ。

2　勧告内容を歪曲する日本政府

日本政府・外務省は、二〇一二年四月二八日、国連の大陸棚限界委員会から勧告を受領した際に、「我が国大陸棚延長に関する大陸棚限界委員会の勧告について」と題した文書を発表し、次のように解説した。全文を掲げる。

「我が国が平成二〇［二〇〇八］年一一月一二日に大陸棚限界委員会（ＣＬＣＳ）に申請した

大陸棚延長について、同委員会は、本年四月二〇日（ニューヨーク時間一九日）、第二九会期会合で勧告を採択し、四月二七日（ニューヨーク時間二六日）に我が国はこれを受領しました。この中で、中国及び韓国が審査を行わないことを求めていた（我が国はその都度反論）沖ノ鳥島関連海域のうち、四国海盆海域については、ほとんどが認められ、沖ノ鳥島を基点とする延長が認められました。九州・パラオ海嶺南部海域については、勧告が行われず、先送りとなりました。」

沖ノ鳥島関連海域である九州・パラオ海嶺南部海域については、二〇〇九年（平成二一年）のＣＬＣＳ第二四会期会合で、「ＣＬＣＳは、別途の決定を行うまで行動をとらない」旨決定していたことを踏まえ議論が行われた結果、ＣＬＣＳは、今回の勧告には「ＣＬＣＳは（中、韓、日本の）口上書に言及された事項が解決されるときまで本海域に関する勧告を出すための行動を取る状況に無いと考える」と記載されたものである。どこに問題があるのか、発表内容と記者会見の模様を見てみよう。

記者会見の問答

この発表から三週間後の二〇一二年五月一八日、外務省は記者会見を開いて、その解説を行った。「報道官会見記録」によれば、記者とのやりとりは以下のごとくである。

問答①

【共同通信 齊籐記者】大陸棚限界委員会の勧告についてお伺いします。中国外交部が、先日、この勧告をめぐる日本外務省の発表について、具体的に申しますと、沖ノ鳥島を基点に大陸棚延伸が認められたとする部分について、何の根拠もない、趣旨としてはそうした事実はないという意味だと思いますが、というコメントを発表しました。この中国のコメントをどう受け止めておられるのか、実際、この前の発表はそのとおりなのかどうか、この点についてコメントをいただければと思います［傍点は著者、以下同］。

【横井外務報道官】齊籐さんのお尋ねの点ですが、たしか、五月一六日の中国外交部のホームページ上に載った［洪磊《こうらい》］報道官の発言ということで、記者の質問に答える格好で、齊籐さんが今おっしゃったような内容の発言があったということは承知しています。我が国の大陸棚延伸申請に対する大陸棚限界委員会の勧告において、これは私の名前で出させていただいた外務報道官談話にもありますように、沖ノ鳥島を基点とする四国海盆海域の大陸棚の延伸が認められているというのは、これはまさに事実であり、この部分を我々としても非常に高く評価しているということです。いずれにせよ、四国海盆海域というものが、これはまさに中国も韓国もご当局の方で、まさに沖ノ鳥島に関わる海域ということで認識されていると承知していますけれども、そういうものとして、今回、勧告がなされたということです。いずれにせよ、今回の勧告で認められた延伸大陸棚の総面積は、四国海盆海域を含め約三一万平方キロメートルに及んでおり、全体として今回の勧告は、我が国の海洋権益の拡充に向けた重要な一歩であると考えています。

［著者のコメント。外務省横井裕報道官（現中国大使）の答えは、典型的なはぐらかし回答だ。「四国海盆海域」において「大陸棚延伸が認められた」のは事実だが、これは沖ノ鳥島を基点とするものとは言えない。西の大東島および東の小笠原諸島について大陸棚延伸が認められた結果、それによって四国海盆海域のほとんどがカバーされた（ごく一部を除く）のである。限界委は沖ノ鳥島を基点とする二〇〇カイリ排他的経済水域そのものについては判断してはいないのだ。

ちなみに齊籐記者が言及した、外交部スポークスマン洪磊の定例記者会見（二〇一二年五月一六日）における問答は、以下のごとくであった。

【記者】先頃、大陸棚限界委員会が日本の沖ノ鳥礁に関わる大陸棚延伸問題の検討結果を公表した。日本のメディアは日本外務省発表のニュースに基づき、限界委が日本の三一万平方キロの大陸棚延伸を認めたとし、ここには「沖の鳥島以北の四国海盆海域が含まれる」と報じている。中国が考える〝岩礁〟にすぎない〝沖ノ鳥島〟が大陸棚延伸を画定する定点の一つとされたことは、〝島〟として認められたことを意味するのか。中国は日本外務省の見解をどう見るか？

【洪磊報道官】大陸棚限界委の発表によれば、同委員会は日本の大陸棚延伸案についての勧告を採択した。日本の沖ノ鳥礁に関わる主張は、大陸棚延伸委員会で認められなかった。日本側は沖ノ鳥礁が委員会によって「島」と認められたと主張しているが、これにはいささかも根拠がない。日本は大陸棚限界委に対して大陸棚延伸七四万平方キロを申請したが、最終的に三一万平方キロのみが認められた。これが事実だ。委員会が認めなかった大陸棚延伸には、沖ノ鳥礁に関わる面積約二五万平方キロの九州・パラオ海嶺南部海域が含まれる。日本側は委員会に沖ノ鳥礁以北の四国海盆海域を認めるよう提起したが、実際にはこの海域は、日本のその他の陸地領土の大陸棚延伸に基づくものであり、沖ノ鳥礁とは関係ない。日本が委員会に大陸棚延伸を提起した後、中国と韓国は幾度も国連事務総長に対して、国際法に基づき人類の居住に不適当な沖ノ鳥礁は排他的経済水域も大陸棚延伸も持たないと強調してきた。多くの国が日本の沖ノ鳥礁に関わる違法な主張に異議を唱えている。限界委が日本の沖ノ鳥礁問題に関わる公正かつ合理的な判断を行ったことは、国際法に合致したもので、国際社会全体の利益を擁護するものであり、中国はこれを歓迎する。」

問答②

【共同通信 齊籐記者】中国のスポークスマンは、沖ノ鳥島を基点とした延伸が認められなかったとする根拠について、九州・パラオ南部海嶺が、今回、サスペンドになったことを挙げています。これは沖ノ鳥島が大陸棚延伸の基点として認められなかった証左だという中国の主張に合理性はありますでしょうか。

【外務報道官】今おっしゃったように、今回認められなかったというか、勧告が先送りされた九州・パラオ海嶺南部海域と並んで、四国海盆海域というのも、まさに沖ノ鳥島を基点とする関連の海域と位置づけられていて、確かに前者については勧告が先送りされたというのは事実であり、今後とも我々はこの部分についても努力を継続してまいりますけれども、後者において、少なくともその部分が認められたということは事実でありますので、我々としては、日本の立場が認知を得たというように考えています。

「この報道官の答えも、はぐらかし回答だ。記者の問いに、もし正しく答えるならば、「合理性あり」と回答しなければなるまい。報道官は「沖ノ鳥島を基点とする関連の海域と位置づけられていて、確かに前者（九州・パラオ海嶺）については勧告が先送りされた」のであるから、「沖ノ鳥島を基点とする」認識が先送りされた、のである。しかもこれは単なる「先送り」ではなく、「永遠の先送り」の可能性が強い。なぜなら、大陸棚限界委員会が沖ノ鳥島を岩ではなく、島と認定する可能性は今後数百年、数千年にわたって想定できないからだ。事柄は人為的努力によって可変的なものではなく、地質学的変化により、沈下しつつあるのだ。」

問答③

【共同通信　齊籐記者】勧告そのものはまだ公表されていません。したがって、我々として触れられるコメントは、日本政府が発表したコメントということになるわけです。勧告本体ですが、大変難解だという話も聞いております。読み方によっては解釈が割れてくると。すなわち、日本政府のコメントに対して疑義が生じる、異論が生じる余地があるのかどうかという点については、どう考えますでしょうか。

【外務報道官】勧告自体の公表というよりは、勧告の中には、資源にかかわる秘密事項も一部含まれていますので、その部分を精査したうえで、いずれ近い将来、関連のホームページ上に公開されるというように承知しています。そうなったあかつきには、まず、中身が難解かどうかはともかく、少なくとも、今回出てきた勧告にほぼ近い中身というのが、まさに世の中に公表されるわけです。その前提に立って、我々は日本の立場というものについて、何らかの疑義が生じるということは全く考えていません。

「この報道官の答えも、はぐらかしだ。その後国連のホームページに対日勧告の「エグゼクティブ・サマリー」が公表された。著者はこのサマリーを「精査したうえで」、このコメントを記している。「日本の立場というものについて、何らかの疑義が生じるということは全く考えていません」と報道官は明言したが、すでに記したように、疑義は否定しがたい。」

問答④

【朝鮮日報 車記者】昨日、韓国の外務省も日本の政府が嘘をついたという中国と同じ主張をしたのですけれども、これに対して、特に根拠は他の島を基点にしたという主張です。これは、中国政府も韓国政府も大陸棚限界委員会に直接確認したという発表をしましたけれども、どう思いますか。

【外務報道官】まず、少なくとも嘘をついた、つかないというのは極めて感情的な言葉ですので、そのような言葉はお互い使わない方がいいと私は思います。今ほど申し上げたとおり、韓国側の主張については口上書で確かめていませんが、少なくとも中国側の立場、これは韓国側と同じだと承知しておりますけれども、これまで中国及び韓国は日本が今回申請しているいくつかの海域、その中には四国海盆海域と九州・パラオ海嶺南部海域が両方含まれるわけですが、この二つの海域が沖ノ鳥島の問題にかかわる海域だということを前提として、大陸棚限界委員会に審査を行わないように要請したと承知しています。もう一度、是非お確かめ頂きたいのですが、私の申し上げていることについては、韓国外交通商部も中国外交部も共通の認識であると私は思っています。

［この報道官が認めるように、この問題について中韓両国は共同歩調をとっている。北朝鮮は海洋法を締結していないが、その主張は中韓両国と同じく、日本を批判する立場である。］

問答⑤

【NHK 吉岡記者】私も少しわかりづらいなと思っていた点だったのですが、四国海盆は沖ノ鳥島を関連とする海域として認められたのに、九州・パラオ海嶺は先送りになったということについて、それは何故なのかということを日本外務省としては把握をしている、あるいは委員会の方に問い合わせたりしているのでしょうか。

【外務報道官】さまざまなルートで一体どういうことなのかということは、当然、然るべきレベルでいろいろ情報収集しているということでありますけれども、今の御質問について申し上げるとすると、九州・パラオ海嶺南部海域について勧告が行われなかったのは、我々も大変残念であると考えております。しかし、このことは大陸棚限界委員会がこの海域の大陸棚延伸を否定しているということではありません。

「なるほど限界委は日本提案の審議を「先送り」したのであり、提案自体を「否決した」ものではない。しかしながら、限界委は中国と韓国による岩論の主張に配慮して審議の先送りを決定したのであり、日本の主張に大きな疑問符が付せられたことは明らかなのだ。しかも中国と韓国による岩論が続く限り、今後も先送りせざるをえない、と「理由付け」を説明している点に着目すべきであろう。日本との間で何らかの政治的合意がないかぎり、中韓両国がこの主張を取り下げることは考えにくいのだ。」

【外務報道官】また、勧告の先送りをもって、関連の国々〔中・韓〕の立場が受け入れられたということではないと考えております。すなわち、日本の主張も勘案した上で、勧告の採決が先送りされたということで、我々としては、この海域についても早期に勧告が行われるよう、今後も継続して努力していくということです。沖ノ鳥島にかかわる海域というのは、九州・パラオ海嶺南部海域と四国海盆海域、この二つがかかわるところであって、少なくとも一方について認められたということは、我が国の立場は受け入れられたということであります。

「九州・パラオ海嶺南部海域と四国海盆海域、この二つを提起して、一方が認められたことをもって「日本の立場は受け入れられた」とするのは、何を言いたいのか。九州・パラオ海嶺南部海域の部分は、ダメ元であり、もともと期待していなかったといいたいのか。はなはだ不可解な説明ではないか。ここでは記者の問いが論理的だ。「四国海盆は沖ノ鳥島を関連とする海域として認められた」のならば、同じく沖ノ鳥島を基点とする九州・パラオ海嶺がなぜ先送りされたのか、とその根拠を質している。これに対する報道官の回答は回答になっていない。「九州・パラオ海嶺南部海域について勧告が行われなかったのは、我々も大変残念である」と感情を表明しただけで、その根拠をアイマイにしている。根拠をアイマイにしたままで、「このことが（は）大陸棚限界委員会がこの海域の大陸棚延伸を否定しているというわけではありません」と開き直る。限界委のサマリーを正確に読むならば、「勧告が行われなかった」のは、沖ノ鳥島を基点とすることに対して「中国と韓国から疑義が提起されたから」にほかならない。この疑義を尊重して限界委は「この海域の大陸棚延伸を棚上げした」のである。ここで「先送り」の形を選んだのは、日本のメンツを考慮したからであろう。中国・韓国の同意なしに、再検討の後、限界委が日本の主張を受け入れて九州パラオ南部海嶺海域の大陸棚延伸を認める事態は、ほとんど想定できないのだ。」

なお、この問答が行われた直後に、尖閣諸島沖合での中国漁船衝突事件について、次の応答が行われている。

問答⑥

【NHK吉岡記者】尖閣諸島沖の漁船衝突事件で、昨日、起訴状が船長に届かなくて手続きが進まないという状況に相成ったわけですけれども、これは中国政府が協力を拒んだからだという一部報道もありますけれども、これについては、なぜなのかというところと、日本側として中国政府にどのような働きかけを行ったのか、その結果、どういう状況だったのか教えてください。

【外務報道官】まず、外務省の立場ですけれども、中国人船長の強制起訴に関わる手続きについて、関係当局からの協力要請を受け、それに基づいて所定の手続きに従って対応してきました。相手国政府との連絡等々に当たってきているということです。しかし、結果は今おっしゃたように、中国側としましては、中国側の尖閣諸島に対する独自の見解に基づいて、日本側の措置を受け入れることはできないとして、捜査上の協力、共助というものを拒否してきたというのが、今回の動きです。

問答⑦

【共同通信 齊籐記者】今のお話で、中国当局の理解を得られず、拒否されたということですが、そうした対応に対して、外務省は中国に対して抗議や申し入れを含めて、何らかの立場表明はしていらっしゃいますでしょうか。

【外務報道官】抗議・申し入れといいますか、少なくとも現場のレベルにおいて、本件をめぐって、一度限りのやりとりではもちろんございませんので、日本側の立場というのは、累次、先方にもわかるように丁寧に伝えてきているということです。

以上、二〇一二年五月一八日の外務省記者会見を紹介してきた。問答③で「勧告本体ですが、大変難解だという話も聞いております。読み方によっては解釈が割れてくる」のかと、記者は問うている。勧告本体には、いささかも「難解」な個所はない。「読み方によっては解釈が割れてくる」個所もほとんどない。もしそのような個所があると感じたとしたら、その部分は、おそらくは対立する各国政府と調停役の大陸棚限界委員会のいずれもがメンツを失わないように、「表現に工夫を加えた」からにほかならない。限界委の勧告が出た二〇一二年四～五月という時期は、尖閣国有化騒ぎの半年前であり、日中関係は尖閣諸島沖の漁船衝突事件をめぐって、厳しい応酬が始まった時点である。日中の国交正常化四〇年記念行事を秋に控えて、大陸棚延伸問題をめぐる日中の摩擦がついに公然化した。

3　中国の岩礁埋め立ては「沖ノ鳥島をまねたもの」

日中はそれぞれに自国の立場を主張したが、上記、二〇一二年五月の記者会見の場では、記者たちには、まだ大陸棚延伸問題を審議した限界委員会の記録は公表されていなかった。この記録を直接読んで日中の主張を対比すれば、どちらに理があるか明らかなはずだが、その後、日本のメディアがその努力を行った形跡はない。それどころか、尖閣国有化騒ぎは南シナ海における中国の岩礁埋め立て問題に飛び火し、二〇一五年を通じて、この問題が中国脅威論を煽る材料としてしばしば利用されて、ついに安倍内閣の安保法制成立への援軍として悪用された。

沖ノ鳥島における防護措置工作が南シナ海における中国の岩礁埋め立てと関わりがあるかもしれないというのは、誰にも見やすい話ではないか。しかしながら、なぜ、どのような論理で両者が関わるのか。その秘密をあっさり教えてくれたのが中国外交部スポークスマンの一言だ。曰く「中国は沖ノ鳥島のやり方を真似て、南シナ海の一部岩礁を埋め立てたのだ」と。

一九八八年にハワイ大学ヨン・ヴァン・ダイク教授が『ニューヨーク・タイムズ』で、沖ノ鳥島は島ではなく、岩にすぎないので、排他的経済水域を持てず、大陸棚延伸の対象にもならないとする海洋法に基づいた解釈を発表した。日本政府は一九九九年以後、チタン製防護ネットにより東小島の防護工事を行っている。二〇〇九年日本政府は沖ノ鳥島を基点とする二〇〇カイリを超える大陸棚延伸を大陸棚限界委員会に申請した。これに対して、中国と韓国が即座に異議を唱えて口上書を提出し、その後、日本申請案の審議が始まると、中韓は重ねて異議を繰り返した。

ちなみに沖ノ鳥島の港湾整備に巨額の予算を支出することに懐疑的な見方は、日本政府部内にもある。たとえば『朝日新聞』二〇一三年三月二一日付は「沖ノ鳥島は宝島？　港整備に七五〇億円、経産省は冷ややか」と題する記事を掲げている。「日本の最南端の沖ノ鳥島で、国土交通省が港の建設を始めた。六畳ほどの絶海の孤島に長さ一六〇メートルの岸壁を造る。総工費は七五〇億円という巨大事業は海底資源の確保が主な目的だ。だが、資源開発を担う経済産業省は『港ができても使わない』と消極的だ。」

第4節　限界委の審議経過

以上、大陸棚限界委の勧告結果と日本政府の対応を紹介したが、こうした勧告にいたった経緯について、あらためて限界委の議事録を見ておきたい。

1　日本の申請をめぐる委員会審議

大陸棚限界委員会はまず日本の申請についての中国と韓国からの異論に鑑みて、小委員会を設けて、検討し、それを限界委に報告させた。その内容は、限界委の記録CLCS七二号、第一二～一五項に記録されている。すなわち、一二項は、二〇一一年八月一五～一六日に小委員会が委員会「勧告草案」を紹介したことを記している。

一三項は、日本の請求に応えて、委員会は「議事規則」附属書Ⅲ第一五項1bの規定に基づいて日本代表団と協議を行ったこと、日本代表団は国連大使西田恒夫が率いて、そのメンバーには外務省国際法局長長峰安政、国連代表で大陸棚界限委員会事務を主管する葉室和親大使および数名の顧問が参加したことが記録されている。

一四項では、西田大使が小委員会を通じて、沖ノ鳥島海域を含む境界画定草案を検討するよう要請したこと、中国と韓国が日本の境界案に対して提起した「海洋法条約」第一二一条の解釈問題に触れたことを記録している。

海洋法一二一条とは、島の定義を述べた個所だが、三項からなる。

一項　島とは、自然に形成された陸地であって、水に囲まれ高潮時においても水面上にあるものをいう。

二項　（三項に定める場合を除くほか）島の領海、接続水域、排他的経済水域及び大陸棚は、他の領土に適用されるこの条約の規定に従って決定される。

三項　人間の居住又は独自の経済的生活を維持することのできない岩は、排他的経済水域又は大陸棚を有しない。

日本は、一二一条一項に依拠して沖ノ鳥島は島である、と主張したのに対して、中国と韓国は、同条三項に依拠して沖ノ鳥島は「人間の居住又は独自の経済的生活を維持することのできない岩」にすぎない、と反論した。

ところで、この一二一条の一項と三項とが、どのような論理で結びつくのか、条文からは明らかではない。立法の過程を見ると、異なる主張群の妥協の産物として、単に列挙したように思われる。この条文に限らず、海洋法は国連に集う多数の諸国の妥協の産物として生まれた生い立ちが色濃く条文に反映している。第二次大戦後に生まれた多くの新興国と旧帝国主義諸国との長年にわたるかけひきの結果、全三二〇条と付属書九文書からなる膨大な文書群が生まれた。

さて西田大使は、中韓は沖ノ鳥島に対する主権を主張したものではない、と指摘するとともに、米国とパラオとは委員会に対して、境界案に反対しないと述べた旨を強調した。当該区域には「陸地と海洋の紛糾は存在しない」ので、日本としては委員会がこの境界提案を採決するよう提案した。西田はまた、委員会の任務は大陸棚を定義した「条約」第七六条、および附属書Ⅱと関わりのある問題に限られるべきであり、大陸棚限界委員会自体が指摘した通り、第一二一条自体の解釈問題は、行われるべきではないと主張した。この点について西田大使は、「委員会の境界案に対する審議は、『条約』第七六条および附属書Ⅱと関わる問題」に限るべきであり、「条約」の他部分についての「解釈あるいは適用」に関わるべきではない、と強調している。

一五項によれば、委員会はそこから非公開会議に移った。委員会の同意を経て、代理主席が委員会副主席カズミンに対して、議題四項の「その他の審議」を行うよう求めた。建議草案および日本代表団と小委員会の陳述を考慮して、委員会は「議事規則」第五三条第一款に基づいて、草案の審議を第二九会期まで延期するよう提案した。以上の経過は、二〇一一年九月一六日付、大陸棚界限委員会第二八期会議の記録CLCS七二号の一六項〜一九項に記されている。

二〇一二年三月から四月に開かれた第二九期委員会は、小組委員会が第二八期会議で委員会に報告した勧告草案の審議を再開し、次のように判断した（CLCS七四号）。

一七項。四国海盆海域については、委員会は方式に則った線を超える全体について日本の大陸棚とすることに反対して、草案を修正した。

一八項。九州・パラオ海嶺南部海域については、委員会は、第二四期会議の決定に基づき小委員会が修正した境界草案を審議した。委員会は採決に際して、この決議の一部について「行動を採らない」ことを決めた。すなわち委員会は中国、日本、パラオ、韓国、米国から届いた口上書に留意した。そこには中国、日本、韓国から二〇一二年に届いた口上書も含まれる。

一九項。委員会はその後、九州・パラオ海嶺南部海域に関わる内容について正式に表決した。これは「実質問題」か「手続き問題」か、と提起する意見があり、これについて議長は、「実質問題である」ゆえ、「三分の二の多数で決定する」と決断した。この議長決断を票決した結果、八票対七票、棄権一票の単純多数で、「三分の二による票決方式」が決定した。委員会は議事規則第三八条に従い、この三分の二方式で議事を進めることを決めた。同条によれば、「委員会は通常、挙手方式で表決を行う」。しかしながら、委員会は勧告草案の中の、九州・パラオ海嶺南部海域に関わる内容について行動を採る提案の票決は、賛成五票、反対八票、棄権三票となった。そこで委員会は、「上述の中国および韓国の口上書で提起された問題」が解決されるまでは、委員会としては九州・パラオ海嶺南部海域について行動をとらない（日本の提案を先送りする）ことを決定した。

なお、限界委のメンバーは二一ヵ国二一名であるが、採決時には、五名が欠席し、一六名が採決に参加し、上記のような票決結果となった。日本提案が三分の二どころか、過半数にさえ至らなかったことの意味を、日本政府がどのように総括したのか、明らかにされていない。採決で否定された内容について、中・韓の誤解を招くような記者会見を行ったのは、この厳しい結果を、国内の領海ナショナリズムの風潮のなかで、受け止めかねたためではないかと著者は読む。海洋法の「議事規則」をまつまでもなく、近隣との線引きにおいて、内々の打診で同意を得ておくのは、市民社会のいわば常識であろう。今回の海の線引きにおいては、あえて中国と韓国の異論を無視したまま、票決に望み、過半数さえ獲得できなかった。日本政府の基本方針に大きな矛盾が含まれていたためと解するほかはない。これは二〇〇五年の国連総会において安全保障理事会の常任理事国のポストを狙い、隣国の猛反対で目的を達せられなかった前例と酷似している。その失敗への反省を欠如したことでも酷似している。

さて日本が大陸棚延長を申請したこれら七つの海域について、二〇一二年四月、大陸棚限界委は勧告を出し、日本はすべてそれを受諾した。すなわち、先にふれたように、申請した七海域のうち「南硫黄島海域」（ＭＩＴ）、「小笠原海台海域」（ＯＧＰ）、「沖大東海嶺南方海域」（ＯＤＲ）及び「四国海盆海域」（ＳＫＢ）の四つの海域についてその一部又は大部分の延伸申請が認められた。しかし、「南鳥島海域」（ＭＴＳ）及び「茂木海山海域」（ＭＧＳ）に関しては、大陸棚延伸が否定された。延伸の基線となる脚部（FOS = Foot of Slope）が条件を欠いていたからだ。沖ノ鳥島の南に位置する「九州・パラオ海嶺南部海域」（ＫＰＲ）については、勧告は「先送り」を決定した。

2 九州パラオ海嶺南部海域「先送り」の意味

「九州・パラオ海嶺南部海域」（ＫＰＲ）について、勧告が「先送り」されたのは、「口上書に言及された事項」、すなわち沖ノ鳥島が島か、岩かという問題が解決されるときまで、「本海域に関する勧告を出す状況にはない」とする理由からだ。これについて、限界委の勧告書の一五項〜二〇項を見てみよう。

一五項。大陸棚限界委は二四会期の決定に従い、小委員会は提案されたすべて、七個所について勧告を用意した。限界委はまた同じ決定に基づき、限界委が行動すべきと決定するまでは、これらの勧告は、「九州・パラオ海嶺南部海域」（ＫＰＲ）に関する日本提案について「行動をとらない」ことを決定した。「行動をとらない」とは、日本政府からの九州パラオ海嶺（ＫＰＲ）の大陸棚延伸申請について、限界委が承認勧告を先送りにしたということだが、それは日本の申請が前提とした沖ノ鳥島を「島」と認めるにはいたらなかったと著者は見る。

一六項。大陸棚限界委は沖ノ鳥島についての以下のようなやりとりを含めて提案書の六項に記述されたすべてのやりとりに留意する。すなわち中国代表部から国連事務総長および限界委に宛てた口上書CML/25/2012（二〇一二年四月五日付）、韓国代表部から国連事務総長に宛てた口上書MUN/174/12（二〇一二年四月五日付）、日本代表部から国連事務総長に宛てた口上書PM/12/ 078（二〇一二年四月九日付）である（口上書自体は公表しない外交慣例からして、中国、韓国のそれぞれの口上書の内容は不明だが、その内容は、先に紹介した二〇〇九年二月六日付けの中国口上書に明らかである）。

一七項。なかんずく、中国は二〇一二年四月五日付口上書（CML/25/2012）において、こう述べた。「このような意見不一致は、本質的に、沖ノ鳥岩に排他的経済水域あるいは大陸棚をもたせるべきか否か、その関連水域はある国家に属するのか、それとも国際社会の共有空間と見るかの争いである」と。

一八項。韓国は二〇一二年四月五日付口上書（MUN/174/12）において、「沖ノ鳥島の法的地位には争いの余地があると考える」と主張した。

一九項。日本は二〇一二年四月九日付口上書（PM/12/078）において、中国や韓国が沖ノ鳥島について勧告を出さないと主張することは「海洋法、付属書、議事規則に照らして根拠がない」と先送りを批判した。

二〇項。限界委は提案書に用意された九州・パラオ海嶺南部海域の勧告について行動をとるか否かを考えた結果、「行動をとらない」ことを決定した。九州・パラオ海嶺南部海域の勧告は「（中・韓の）口上書で言及された事項が解決されるまで、行動をとる立場にはない」と判断し、事実上、中・韓の側に軍配を上げた形だ。

これら勧告書一五～二〇項から明らかなように、沖ノ鳥島は「島か、岩か」、その本質に疑義が提起されたことを踏まえて、日本の要請を退けて、限界委は「島」と認識することを避けた。とはいえ、「島ではなく、岩と認定した」わけでもない。中・韓の口上書で指摘された問題の解決まで、問題を棚上げしたことになる。

顧みると、現行海洋法条約の「島の制度に照らせば、沖の鳥島は岩に過ぎない」と初めて提起したのは、ハワイ大学ヨン・ヴァン・ダイク教授である。一九八八年、ダイク教授は『ニューヨーク・タイムズ』（一月二一日付）で、沖ノ鳥島は島ではなく、岩にすぎないので、排他的経済水域を持てず、大陸棚延伸の対象にもならないとする海洋法に基づいた新解釈を発表した。

ダイク教授はハーバード大学ロースクール卒の海洋法専門家であり、学界の多数派をリードしている。中・韓が用いているのはこの多数派の論理である。ヨン・ヴァン・ダイク教授の見解は、中国と韓国にとって大きな援軍となったことは明らかだ。しかしながら、ここから教授が中国と韓国に贔屓していると解するのはあまりにも視野が狭い。同教授の論文「日韓の和解」(Reconciliation between Korea and Japan, *Chinese Journal of International Law*, 2006)から読み取れるように、教授は「日本と韓国、日本と中国との和解」を視野に入れてこの問題を検討している。

3　その他の海域の判断

海洋法条約の規定する「領海の基線」とか、「大陸斜面脚部」から計測する大陸棚延伸六〇カイリなど、二〇〇カイリを超えて延伸できる可能性をもつ海域、等々の概念を海洋法は七六条で規定している。各国からの申請には、地形学的・地質学的な詳細なデータが必要だが、それは、大陸棚条約(一九五八年)の「開発可能」の考え方を引き継いでいる。その詳細データの要の一つは、該当する海底が沿岸大陸の「自然な延長」であること、もう一つは、「大陸斜面の脚部」を定めることにある。大陸斜面の脚部を地質調査によって特定すれば、あとは幾何学の課題となる。日本が面する太平洋沿岸では、大陸棚延長はおおよそ斜面脚部から六〇カイリと見なしてさしつかえない。

すなわち、脚部を構成する緯度・経度で指定される座標（点）から六〇カイリの点を結んだ包絡線が「大陸縁辺部の外縁」であり、その「外縁」をなぞって、緯度・経度で指定された点を直線（長さ六〇カイリ以内の線分）で結んだ線が「大陸棚の外側の限界」、つまり大陸棚延長の限界となる。

「南硫黄島海域」（MIT）、「小笠原海台海域」（OGP）、「沖大東海嶺南方海域」（ODR）についっては、日本の申請通りに勧告が出された。「南硫黄島海域」（MIT）を例に勧告文のスタイルをみておこう。

南硫黄島海域

南硫黄島海域（MIT）についての勧告は以下の通りである。

四七項。日本の提案書に含まれる「技術的科学的データ」および「追加情報」に基づき、限界委は南硫黄島海域が七六条規定と「ガイドライン」の条件を満たすものと結論した。限界委はこれらの大陸斜面脚部が同海域の大陸棚の延伸限界を構成する基礎となる、と勧告する。

五二項。南硫黄島海域において、二〇〇カイリを超える大陸縁辺部の外縁は条約七六条にしたがって、四・一項に記された六〇カイリの円弧上の点にもとづく。限界委は同海域において、大陸棚の外側の限界線を描くについて、これらの弧と地点にもとづくことを勧告する。

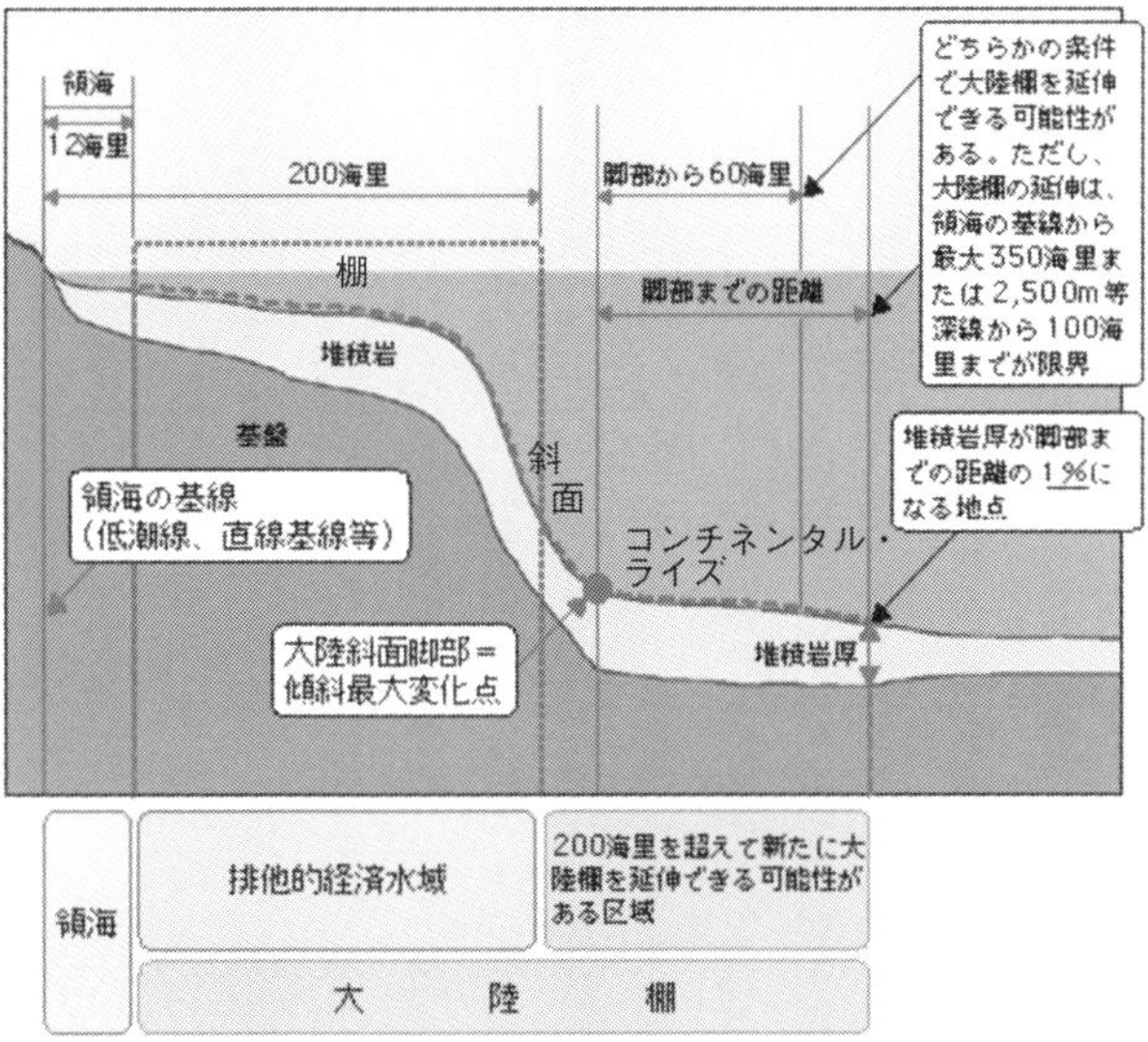

図4　海洋法条約76条による大陸棚延長
出所）『国交白書2008』をもとに加筆。

五九項。限界委は附属書Ｉの表2の地点によって同水域の大陸縁辺部の外縁が画定されることに同意する。限界委は同水域の大陸棚の外側の限界線は、七六条七項に基づき、定められた緯度経度から六〇カイリを超えない直線で画定するよう勧告する。限界委は附属書Ｉの表3に指示された地点により、大陸棚の外側の限界線を描く原則に同意する。日本の大陸棚の最終的な外側の限界を画定するには、重なり合う隣国との調整を要する。附属書Ⅱの九条を考慮し、同水域の大陸棚の外側の限界線は、上述の五二項および七六条七項、八項、九項、一〇項の規定から、大陸縁辺部の外縁を定めるにおいて、六〇カイリ方式にそって定められた諸点を結ぶことを勧告する。

「小笠原海台海域」(OGP)、「沖大東海嶺南方海域」(ODR)についても、南硫黄島海域(MIT)同様に、日本の申請が承認された。

否定された南鳥島海域、茂木海山海域

限界委は、南鳥島海域(MTS)、茂木海山海域(MGS)のいずれの海域も、大陸斜面の脚部は、七六条「大陸棚の定義」および「ガイドライン」五項の「条件を満たさない」と結論し、これらの大陸斜面脚部は「大陸棚延伸の根拠にならない」と勧告した。

一部が認められた四国海盆海域

日本政府は、四国海盆海域(SKB)における大陸棚延伸を認める勧告が出されたことは、沖ノ鳥島が「島として認められた証拠だ」と主張している。しかし、勧告を見ていくと、沖ノ鳥島自体の判断とは別に、大東島からの大陸棚延伸と、小笠原諸島からの大陸棚延伸により、四国海盆海域がカバーされることがわかる(**図5**)。勧告を見ていこう。

二〇〇項。日本の申請に含まれる「技術的科学的データ」および上述の項で言及された「追加

情報」に基づいて、限界委は四国海盆における付属Ⅰの表10にリストされた脚部は七六条「大陸棚の定義」および「ガイドライン」五章の条件を満たすものと結論する。限界委はこれらの脚部は四国海盆の大陸縁辺部の外縁を構成する基礎となることを推薦する。

二〇六項。四国海盆の二〇〇カイリを超える大陸棚の外側の限界線は七六条七項にしたがって四・一節に記された半径六〇カイリの円弧上の点に基づく。限界委はこれらの円弧と地点はこの海域の大陸棚の外側の限界線を画定するために用いるよう推奨する。

二一三項。限界委は付属Ⅰの表11、表12に提示された座標を、四国海盆の大陸棚の外側の限界線を画定する基礎とすることに同意する［計測基準の取り方には同意する。その計算方法でよい］。限界委は日本の大陸縁辺部の外縁を超える部分をすべて日本の延伸大陸棚の外側の限界に含めることに同意できない［限界委が同意しなかったのは、四国海盆海域の東部分および四国海盆海域の西部分において、両側の脚部からの六〇カイリ包絡線で挟まれた「狭い部分」が残り、これをもとに大陸棚の外側の限界線を引くと、わずかに空白ができることを指すと思われる（図6）］。

以上が、四国海盆海域にかかわる限界委の勧告の概要だ。排他的経済水域二〇〇カイリを超える四国海盆海域の大部分は、大東島（西側）ならびに小笠原諸島（東側）の大陸棚延伸（脚部から六〇カイリ）により、カバーされ、日本の延長大陸棚になる。これをもって沖ノ鳥島を基点とする排他的経済水域二〇〇カイリが承認されたとするのは、無理である。沖ノ鳥島を「島とは認めない立場」の影がすけて見える構図である。

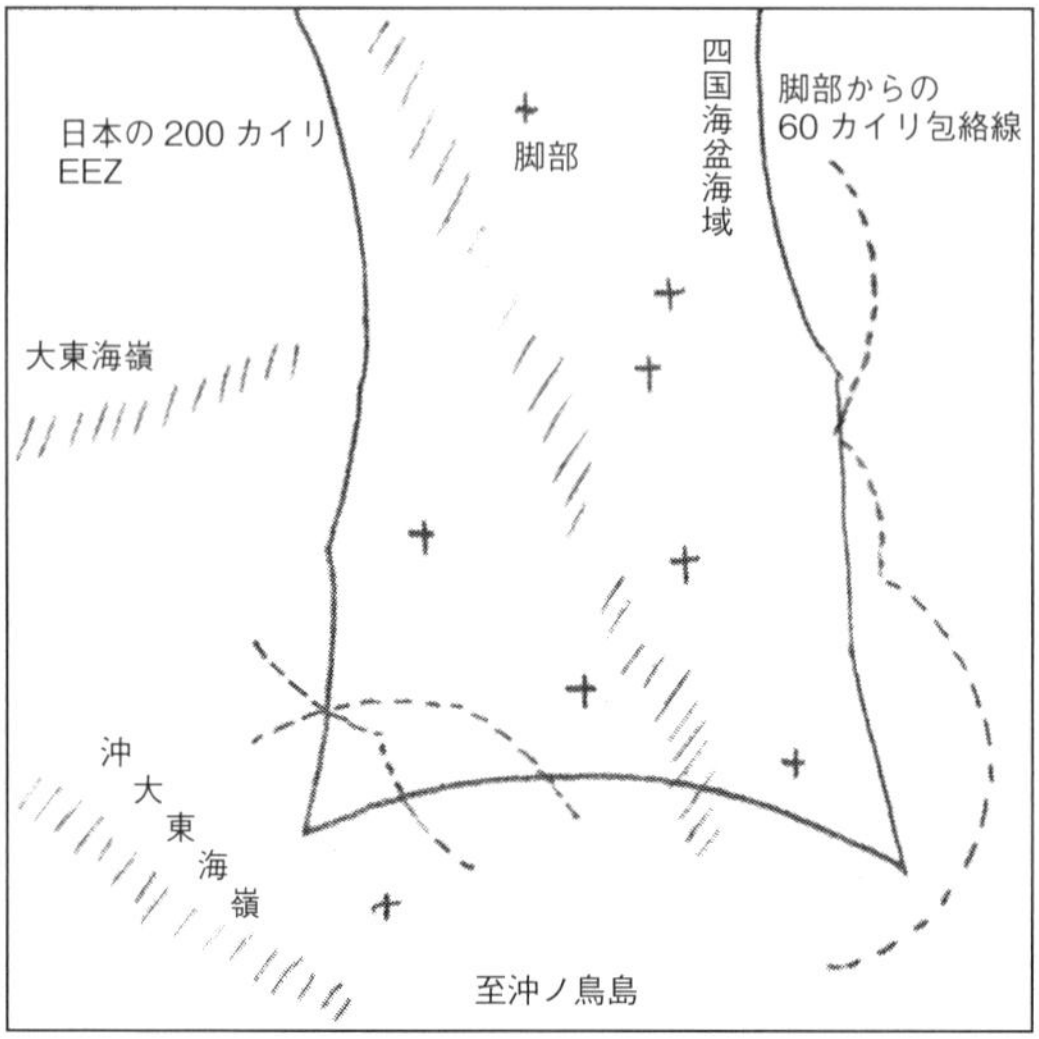

図５　四国海盆海域南側の脚部と 60 カイリ包絡線

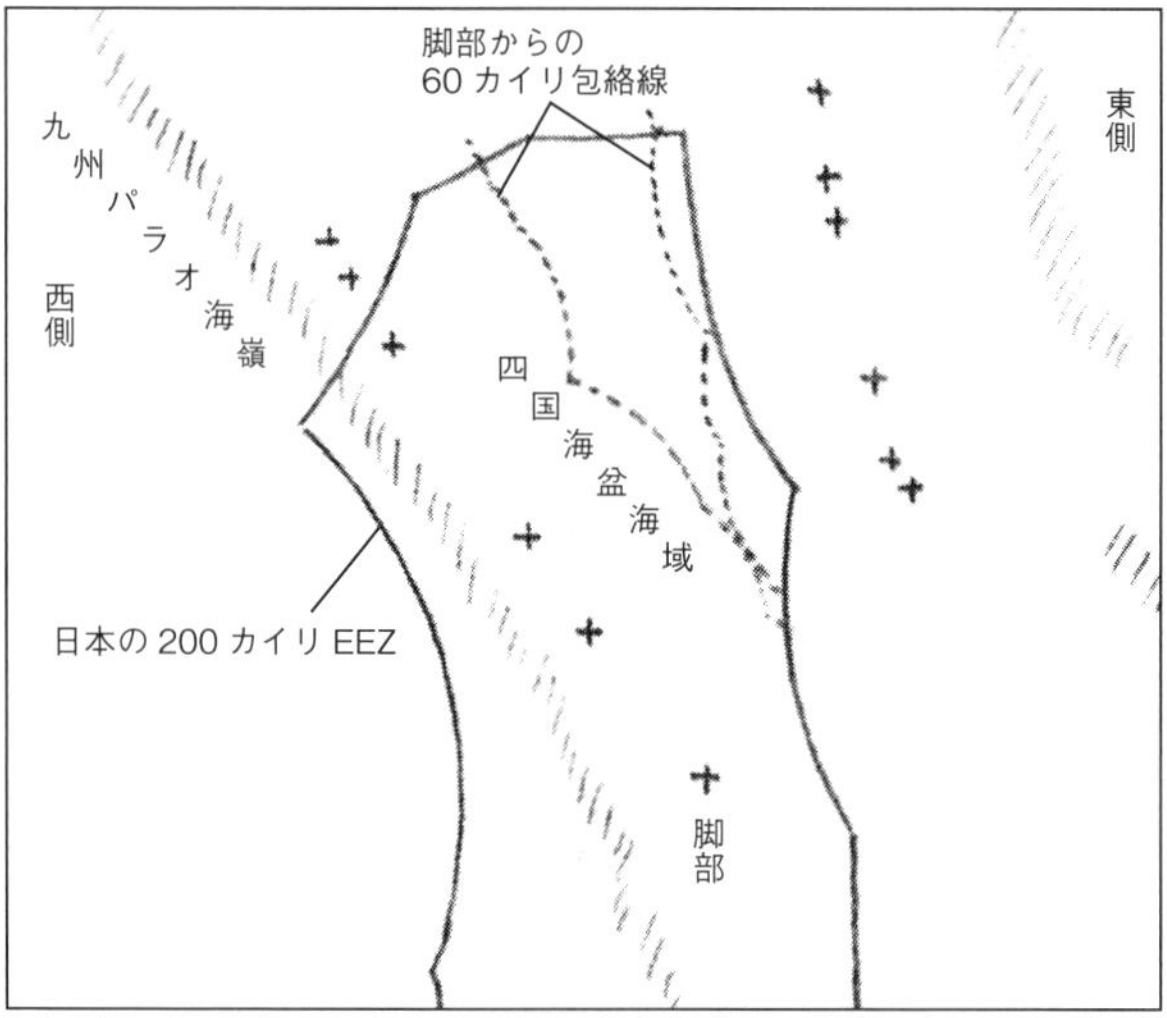

図６　四国海盆海域北側の脚部と 60 カイリ包絡線

むすび――波消しブロックでは守りきれない沖ノ鳥島

以上の経緯からわかるように、沖ノ鳥島は、日本併合当時の一九世紀半ばから二〇世紀初頭までは島の形を保っていたが、その後の浸食と沈下でついに海洋法でいう岩と化して、水没の危機が迫った。そこで近年はチタン製防護ネットにより、海底に沈むのを防いでいる。沖ノ鳥島はもし島として認定されるならば、二〇〇カイリの排他的経済水域をもち、加えて最大三五〇カイリにまで大陸棚が延伸される可能性があった。日本政府はそのような目論見のもとに申請書の文案を練った。しかしながら、限界委員会に設けられた小委員会の審議を経て、限界委は、沖ノ鳥島を「島」と確認することは避けたと見られる。

沖ノ鳥島は、一九三一年に「沖ノ鳥島」と命名されて領有が閣議決定され、戦後、ＧＨＱの直接統治下におかれたが、一九六八年、小笠原諸島返還にともない、米国から日本に返還された。こうした経緯は、日本の沖ノ鳥島領有を法的に保証しており、その限りで、その周囲二〇〇カイリ排他的経済水域に指定することも日本の主権に属する事柄であった。しかし、国連海洋法が採択され、沖ノ鳥島は岩ではないかという議論が出る中で、あえて沖ノ鳥島を基点として大陸棚延長を限界委に申請したことが裏目に出たわけだ。沖ノ鳥島が「岩」となれば、「岩」の領有権自体は認められるとしても、領海はたかだか周囲一二カイリにすぎないことになる。

なお、名古屋博物館学芸員長谷川亮一が「幻想諸島航海記」(http://homepage3.nifty.com/boumurou/island/)で書いているように、沖ノ鳥島は、一九三一年七月六日付の内務省告示第一六三号によって、日本領となった。この島はドイツ領であったことはない。第一次大戦後にドイツから継承した、いわゆる南洋群島とも関わりはない。すなわち一九二〇年「南洋委任統治地域」が成立し、一九二二年、支配機関である「南洋庁」がパラオ諸島のコロール島に設置されたが、南洋庁ではなく、東京府小笠原支庁が管轄した。

日本が戦争に敗れた後、小笠原諸島(小笠原群島・西之島・火山列島)および南鳥島・沖ノ鳥島は、一九四六年一月二九日の連合国最高司令官総司令部(GHQ/SCAP)の覚書(SCAPIN-677「若干の外廓地域を政治上・行政上日本から分離すること」)により、日本の施政権から切り離され、GHQ/SCAPの直接統治下に置かれることとなった。一九五二年四月、サンフランシスコ講和条約が発効し、日本が独立した後も、この島々は引き続きアメリカの占領下に置かれ、一九四七年からは国際連合信託統治領としてアメリカが統治した。一九六八年六月二六日、小笠原諸島は沖縄返還に先立って日本に返還され、小笠原支庁が再設置されるとともに、その全域が新たに「小笠原村」となり、沖ノ鳥島は「東京都小笠原村沖ノ鳥島」となった。

今、改めて思うのは、尖閣問題という「眠った子」を起こして、日本の実効支配の優位性をあやうくした輩と、沖ノ鳥島防衛を声高に叫び、国連海洋法大陸棚限界委員会の場で大失敗を演じた勢力は、同一だという事実である。その典型的な一例は、河村雅美元海将補の「大陸棚限界委員会ＣＬＣＳ勧告と沖ノ鳥島の戦略的重要性――中国の接近・地域拒否（Ａ２／ＡＤ）戦略への我が国の対応」（『海洋安全情報月報』二〇一二年六月二六日）であろう。

そして国民はナショナリズム感染症に犯されて中国や韓国を仮想敵国視するに至った。ナショナリズムを刺激する諸問題について正確な認識をもつことが袋小路から脱却する唯一の道と考えて、やや詳しく大陸棚延伸問題を調べたゆえんである。

追記

二〇一六年四月二八日付『朝日新聞』は、「台湾総統『沖ノ鳥島は岩』／漁民逮捕を受けて態度硬化」というニュースを報じた。記事によると、四月二五日、海上保安庁は沖ノ鳥島周辺海域で台湾漁船の船長を「無許可操業」の疑いで逮捕したが、この逮捕に台湾漁民が反発し、台北の交流協会事務所前に集まり、漁船拿捕に抗議した。船長は担保金を払って釈放されたものの、張善政行政院長（首相）は、二六日に「畳三枚分の大きさ。どうやったら島といえるのか」と言及し、日本政府を批判した。馬英九総統は今後台湾政府の公文書では「沖ノ鳥島」という呼称を用いず、「沖ノ鳥礁」と表記するよう指示した、と報じつつ、「岸巡防などに漁民保護のための具体的立案も求めた」。結びのコメントは「野党・民進党主席の蔡英文次期総統の就任後も簡単に変更できないようにする思惑がありそうだ」というものだ。

この記事には、軽視しがたい記者および同紙の認識不足が露呈されている。そもそも海洋法に基づき排他的経済水域（ＥＥＺ）を設定する各国の動きは、漁業権の衝突から始まった。東シナ海の場合、日本と台湾、中国、韓国との漁業権に関わる交渉と線引きは長い歴史があり、一部未定の部分を含むが大枠は線引きができている。だが、沖ノ鳥島＝沖ノ鳥岩については、日本がＥＥＺを主張するのに対して、中国や韓国がこれを認めず、国連海洋法大陸棚限界委において争いになっている経過と問題点は、本章で詳論した通りである。この大前提に対する認識があいまいなまま、その結果としての漁民逮捕、抗議と釈放を説明するので、分かりにくい。台湾の漁民がなぜ怒っているのか、まるで無理解だ。そして結びのコメントは台湾の政治事情（国民党＝馬英九から民進党＝蔡英文への政権交代）の解説であり、あたかもこの選挙結果が騒動の中心問題と見るような錯覚にこの新聞は陥っている。これは典型的なパターンであり、他のメディアも大同小異だ。

たとえばＮＨＫは四月二八日一四時二八分、「台湾総統『沖ノ鳥島は岩』と声明、日本は抗議」とリードを付して、以下のニュースを流した。

――日本最南端の沖ノ鳥島沖の排他的経済水域で違法に操業したとして海上保安庁が台湾の漁

船を拿捕したことを受けて、台湾の馬英九総統は沖ノ鳥島について「岩であり、島ではないため、日本が排他的経済水域を主張することはできない」とする声明を出しました。今月二五日、海上保安庁は、東京の沖ノ鳥島沖の排他的経済水域内で違法な操業をしていたとして台湾の漁船を拿捕しました。船長は担保金を支払うことを約束して釈放されましたが、台湾の漁業関係者や議員らが二七日、日本の台湾との窓口機関「交流協会」が入る建物の前で抗議活動を行い、一部の参加者が建物に生卵を投げつけました。

　今回の拿捕に関連して台湾の馬英九総統は二七日、安全保障を担当する高官の会議を開くとともに、沖ノ鳥島について「岩であり、島ではない。日本が排他的経済水域を主張することはできない」とする声明を出したうえで、関係機関に台湾の漁船を保護するよう指示しました。岸田外務大臣は（東京で）記者団に対し「沖ノ鳥島は、国連の海洋法条約上、島としての地位が確立していると考えており、その周辺には排他的経済水域が存在する。台湾側の独自の主張は受け入れることはできない」と述べ、台湾での日本政府の窓口となっている「交流協会」を通じ二七日夜、台湾側に抗議したことを明らかにしました。

　ＮＨＫはさらに四月二九日夕刻からのニュースで次のように繰り返し報じた。

――「『沖ノ鳥島は岩』台湾が日本の機関呼び抗議」。日本最南端の沖ノ鳥島沖の排他的経済水域で違法に操業したとして、海上保安庁が、台湾の漁船を拿捕したことについて、台湾の外交部は、日本政府の窓口機関の代表を呼んで、沖ノ鳥島について「岩であり、排他的経済水域は設定できない」という立場を改めて示して、抗議しました。今月二五日、海上保安庁は、東京の沖ノ鳥島沖の排他的経済水域で違法に操業したとして、台湾の漁船を拿捕しました。船長は、担保金を支払って釈放されましたが、台湾では、馬英九総統が、二七日、沖ノ鳥島について、「岩であり、島ではない。日本が排他的経済水域を主張することはできない」とする声明を出したほか、漁業関係者が抗議活動を行いました。さらに、二九日、台湾の林永楽外交部長が、台湾での日本政府の窓口になっている「交流協会」の沼田幹男代表を外交部に呼んで抗議しました。このあと、林部長は、記者団に対し、沖ノ鳥島について「われわれは岩だと考えている。みずからの立場を堅持して漁民の権益を守る」と述べ、日本は排他的経済水域を設定できないという立場を改めて示しました。馬総統は、台湾の漁船を保護するよう関係機関に指示を出し、来（五）月一日に、海上警備当局の巡視船など二隻が沖ノ鳥島の周辺に向けて出港することになるなど、この問題で譲歩しない姿勢を鮮明にしています。

台湾漁民の逮捕とこれに対する抗議という事件をめぐり、台湾政府が沖ノ鳥島の排他的経済水域を認めない立場を堅持するスタンスであること、岸田外相は「沖ノ鳥島は、国連の海洋法条約上、島としての地位が確立している」「その周辺には排他的経済水域が存在する」と反駁したと、それぞれの立場を単に紹介するのみで、国連大陸棚限界委において日本の主張が揺らいでいることをまるで忘れたような報じ方である。本章が強調したように、国連の場でいま問われている焦点は、沖ノ鳥島基点の「ＥＥＺ主張が危うい」という事態なのだが、『朝日』もＮＨＫも、この根本問題を避けた報道に陥っている。日本の主流メディアが衰弱して、社会的機能を果たすことができなくなっている一例として特に指摘しておきたい。

いまさしあたり必要なのは、日本と隣国の漁民の生活を守るために知恵を出すことではないか。怪しげな根拠に基づいて「違法操業」と断じて逮捕し、釈放劇を演じるのは、二〇一〇年の尖閣周辺における船長逮捕騒動の繰り返しであり、そこから教訓を学ばない無能ぶりを露呈したことになる。この海域での漁業協定を関係国との間で結ぶことに時間を要するならば、とりあえず海上保安庁は、台湾漁船の獲物は廃棄させた上で、担保金など取らずに、お帰りいただくことによって、実効支配の姿勢を示しつつ、違法操業の事態が生じないような誘導策、関係国との協議を急ぐべきなのだ。

台北時事電によると、台湾で二〇一六年五月二〇日発足した民進党の蔡英文政権は、二三日、日本の海上保安庁が沖ノ鳥島沖で台湾漁船を拿捕したことに反発し、同島を「岩」と主張して国際仲裁での解決も辞さない構えを見せていた国民党の馬英九前政権の方針を撤回する考えを表明し、台湾の巡視船は直ちに退去を開始した。国民党から民進党への政権交代を契機として、危惧されていた巡視艇同士の衝突といった緊張状態は回避され、一転平和な海にもどりつつある。これは五月二三日、日台間で「海洋協力の対話枠組みを創設する」ことで一致したことによる。この対話は、漁業に限らず、環境保護、海洋調査、緊急救難など幅広い分野で話し合いを進めていく方針だ、と時事電は報じている。

台湾の政策転換の舞台裏に何があったのか。岸信夫衆院議員（安倍首相の実弟）ら自民党の「日本・台湾経済文化交流を促進する若手議員の会」（日台若手議連）の議員六人が民進党本部に蔡英文主席を訪問し会談した結果、「できるだけ早く収束させる」ことで意見が一致したと、各紙台北電（二〇一六年五月五日）が報じている。

蔡英文新政権が日本政府との間で、漁民の操業等について対話路線に転じたことはむろん歓迎すべきである。この日台対話が日中・日韓対話を促す契機となることを望む。近隣の対立に乗じてたんに「漁夫の利」を漁るだけならば、日中・日韓対話にとってマイナスになりかねない。そこが見どころとなろう。日本としては海の境界を接する各国ナショナリズムと折り合いをつけることによってのみ、東アジアの海の平和を確保できるという原点を忘れてはなるまい。

第3章　東シナ海における大陸棚延伸問題
――大陸棚は沖縄トラフに迫る――

韓国外交通商部の当局者は二〇一二年一一月二五日、東中国海（東シナ海）大陸棚の境界に関する韓国政府の公式立場を次のように整理したと明らかにした。この当局者によれば「内部での検討が終わり、一一月二七日に国務会議に報告する予定」と述べた。この文書で韓国政府は、韓国の領海基線から二〇〇カイリ圏外である済州道（チェジュド）南側の日韓共同開発区域（ＪＤＺ）内水域まで一万九〇〇〇平方キロの面積を韓国側の大陸棚と規定した。日韓が一九七四年に締結した「大陸棚南部区域共同開発協定」が適用されるところで、韓国の面積の二〇パーセントに該当する。

つづく二〇一二年一二月一四日、中国は東シナ海の大陸棚延伸を申請した。中国が申請した大陸棚の限界は、沖縄トラフのうち、屋久島から奄美大島までの西部の海域の部分である。「東シナ海の大陸棚は、中国の領土の自然の延伸であり、沖縄トラフが大陸棚延伸の終点」だとする主張である。これに対して日本外務省は、国連事務局宛に口上書（一二月二九日）を提出し、中国が大陸棚延伸申請を行った海域は、日中それぞれの領海基線の間の距離が四〇〇カイリ未満の海域である。かかる海域における大陸棚は、国連海洋法条約の関連規定に従って、日中間の合意により境界を画定する必要がある。したがって、中国は、かかる海域において、一方的に大陸棚の限界を設定することはできない、と指摘した。

第1節　中国の大陸棚延伸案

1　限界委宛申請書の概要

東シナ海における大陸棚延伸問題を検討してみたい。日本のメディアはいつも「日中中間線」をあたかも既定の事実であるかのように書いて世論をミスリードしている。中国・韓国政府は国連に何を訴えているのか。それをまず読んで見よう。冒頭は、海洋法条約にそっての提案であることのおさらいで、大陸棚延伸の申請の定型文である。

――中国は一九八二年一二月一〇日、「国連海洋法条約」に調印し、一九九六年五月一五日

に批准した。「海洋法」第七六条第八項、「海洋法」附属書Ⅱ第四条および「海洋法」締約国会議（States Parties to the United Nations Convention on the Law of the Sea = SPLOS/72）第十一次第七二号文件に基づき、「海洋法」が一九九九年五月一三日に発効する前に締約国として大陸棚限界委員会に二〇〇カイリを超えて延びる「大陸棚外側の限界」の詳細及び、この限界規定を支える「科学的及び技術的データ」を呈示する。「海洋法」締約国は、第一八次会議の決定（SPLOS/183）によれば、「海洋法」附属書Ⅱ第四条およびＳＰＬＯＳ七二号文件ａ段に定めるところに従い、期限内に事務総長に初歩的資料を届けなければならず、そこには二〇〇カイリを超えて延びる「大陸棚外側の限界」を示す資料を呈示し、「海洋法」第七六条および「大陸棚限界委議事規則」、「大陸棚限界委科学的及び技術的準則」に従って、画定案の編制情況とその提出時期を報告しなければならない。

大陸棚延伸を規定する海洋法七六条は、地質学、地形学にかかわる規定がふくまれており、申請する延長大陸棚が、その沿岸国の陸地と一体であることを示さなければならない。

――地形学的・地質学的特徴は、東シナ海大陸棚は中国陸地領土の自然延伸であること、沖縄トラフは顕著に隔てられた特徴をもつ地理単位であること、東シナ海大陸棚の延伸は沖縄トラフに終わることを示している。

東シナ海大陸棚の幅は、中国領海の基線から測って二〇〇カイリを超える。中国は「海洋法」第七六条、「海洋法」附属書Ⅱ、「議事規則」、「科学技術准則（ガイドライン）」に基づいて、東シナ海における二〇〇カイリを超えて延びる大陸棚外側の限界を画定する。

海洋法にしたがえば、中国は琉球列島すれすれの沖縄トラフまで、二〇〇カイリをこえて延長大陸棚を主張できるという立場である。現在、日本が日中間の排他的経済水域の境界として理解している中間線よりもはるかに沖縄寄りに、中国の延長大陸棚を設定したいという主張である。

——中国政府は二〇〇九年五月一二日、国連事務総長宛てに「中国の二〇〇カイリを超えて延びる延伸大陸棚の外側の限界についての初歩的データ」を送った。この初歩的データには、「中国は二〇〇カイリを超えて延びる延伸大陸棚の画定案の準備作業を行っており、関係海域に必要なデータの採集と処理を行い、『海洋法』第七六条に定める条件及び『議事規則』『科学技術准則』に従い、画定案を編制し、関連した評価作業を行う」、「上述の作業の完成後に、適当な時期に全てあるいは、一部の二〇〇カイリを超えて延びる延伸大陸棚の外側限界の画定案を提出する」と。すでに東シナ海の一部海域における二〇〇カイリを超えて延びる延伸大陸棚の画定案の編制作業を終えたので、ここに提出する。

「議事規則」附属書Ⅰ第三段によれば、「『海洋法』附属書Ⅱ第四条に定める一〇年の期限とは、沿岸国と一部の延伸大陸棚の画定案提出を遅らせて、大陸棚の他の部分の国境画定問題を避けることができるとしており、延伸大陸棚やその他部分の画定案は後日提出してよい」とされていることに基づき、本案は東シナ海の一部海域の画定案を提起する。中国政府は本画定案を呈示した後、東シナ海あるいはその他の海域の画定案を呈示する予定だ。

この二〇〇九年の申請では、東シナ海東北部の延伸大陸棚に限定され、南西部の尖閣諸島（釣魚台）付近は含めていない。

――本画定案に用いた第七六条に関わる条項、「海洋法」第七六条の定めによれば、「沿岸国の大陸棚には、領海のほかに、陸地領土の全ての自然延伸が大陸辺縁の海底区域の海底に及ぶこと」を定めている。沿岸国は領海基線から二〇〇カイリを超える延伸大陸棚を主張する場合は、第七六条第四～六項の規定に従い、二〇〇カイリを超えて延びる延伸大陸棚の外側限界を画定し、そのデータを委員会に提出しなければならない。第七六条第四項ａ―（ⅱ）「大陸斜面の脚部から六〇カイリを超えない点を用いて引いた線」および第五項の「延伸大陸棚の外側限界線は、これを構成する各点において、領海の幅を測定するための基線から三五〇カイリを超えない」という規定によって、中国の東シナ海の部分海域二〇〇カイリを超えて延びる延伸大陸棚の外側限界を画定するものである。「海洋法」第七六条第七項によれば、「沿岸国は、自国の延伸大陸棚が領海の幅を測定するための基線から二〇〇カイリを超えて延びている場合には、その延伸大陸棚の外側限界線を経緯度によって定める点を結ぶ六〇カイリを超えない長さの直線によって引く」と定められている。本画定案は、二〇〇カイリを超えて延びる延伸大陸棚の外側限界にある一〇個の定点間の直線距離から六〇カイリを超えないものである。

2　陸地領土の自然延伸——中間線を超えて沖縄トラフまで

申請する延伸大陸棚が、その沿岸国の陸地と一体であることを示す、地形学・地質学上の調査結果がつぎに示される。

——地形学的、地質学的特徴から、東シナ海における大陸棚は、中国領土の自然な延長であることを示しており、一方、沖縄トラフは、棚とはっきり区別される重要な地質学的な単位であり、東シナ海の大陸棚の広がりの外縁である。

本申請は、東シナ海の二〇〇カイリを超える大陸棚の外側の限界に関する部分的な申請である。中国政府による本申請は、将来、東シナ海および他の海域に関して、大陸棚の外側の限界を設定するための申請を、何ら妨げない。

中国本土の東に位置する東シナ海は、三つの地形学単位から構成される。棚、斜面、そして沖縄トラフである。東シナ海大陸棚は、中国本土の自然な延長であり、棚の最大幅は優に五〇〇キロメートル（三一二カイリ）を超える。海底は平坦で、南東方向に向けて傾斜している。

結論として、東シナ海の棚は、安定した大陸地殻に属する。しかし、沖縄トラフでは、上部マントルの湧昇をともなって、大陸地殻が急に薄くなり、過渡的な地殻に転換しつつある。沖縄トラフの南部における中央断層帯では、海洋地殻が発生しつつある。東シナ海の棚、斜面と沖縄トラフは、非活動的な大陸縁辺を形成する。沖縄トラフは、東シナ海の大陸棚の自然な末端である。

東シナ海の大陸棚は二〇〇カイリをはるかにこえて広がっていることを見た上で、延伸大陸棚の基点となる大陸斜面の脚部を構成する地点を提起する。

――地形学的な特徴によれば、本申請で参照される斜面の基部（ふもと）の領域は、東シナ海の急な斜面の基部と沖縄トラフの比較的なだらかなコンチネンタル・ライズの上部との間に現れる、地形が突然変化する領域であると規定される。探査の結果とガイドラインにしたがって、東シナ海斜面から沖縄トラフにかけての一連の断面が選ばれ、斜面の基部における傾斜変化が最大となる一二の定点が脚部と規定される。この一二点から外側に引かれる半径六〇カイリの包絡線が描かれる。

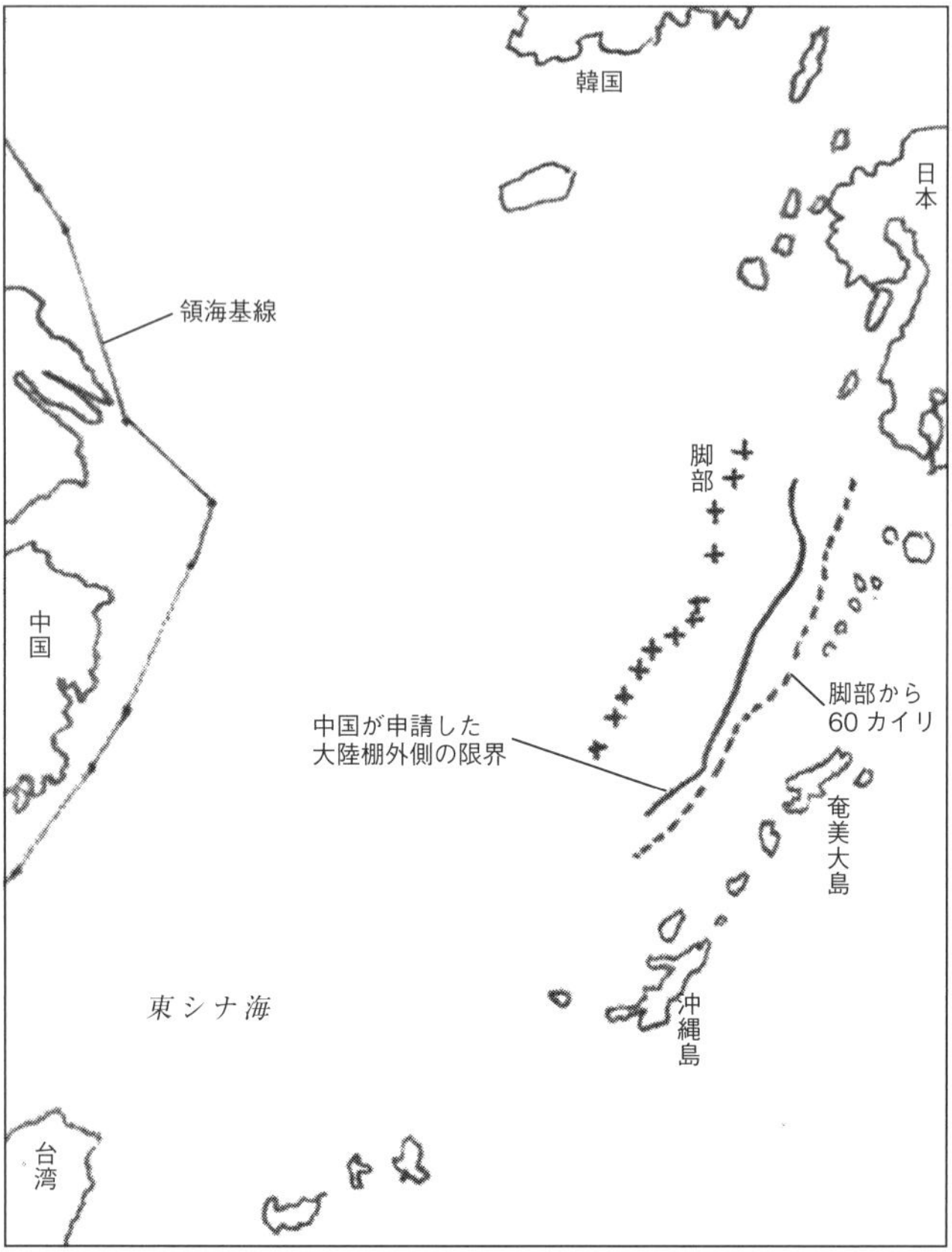

図1　中国が申請した東シナ海大陸棚延伸

こうして、中国申請は、沖縄トラフの軸部、最大水深点までを、大陸棚の外側の限界線とした。

3　海洋境界画定の現況

中国と日本の領土の間隔は四〇〇カイリに満たないので、それぞれの二〇〇カイリ排他的経済水域が重なり合い、両国間の調整が必要だ。

――「議事規則」附属書Ⅰ第二段はこう定めている。「もし向かい合う、あるいは隣り合う国家間の延伸大陸棚の線引きで争いが在る場合、あるいはその他未解決の陸地あるいは海洋の争いがある場合には、線引き案の提出に際して、沿岸国の求めに応じなければならない。(a)これらの争いを委員会に告知する。(b)可能な限り委員会に対して、線引き案が国家間の境界画定に影響を与えないこと、である。「議事規則」附属書Ⅰ第二段により、中国政府は委員会に通知するとともに、中国と韓国、日本が本画定案に関わる海域はなお、延伸大陸棚の範囲が未確定であることを告知する。「海洋法」第七六条第一〇項に基づき委員会は、本画定案の建議を今後中国と関係国間の大陸棚画定のために、用いられんことを願う。

第2節　韓国の大陸棚延伸案

中国につづいて、東シナ海の延伸大陸棚にかかわる韓国の申請を見ていこう。冒頭は、海洋法の参照常規、ならびに経過を説明している。

——韓国は一九八三年三月一四日に海洋法に調印し、一九九六年一月二九日に施行し、一九九六年二月二八日に発効した。海洋法七六条八項に基づき、韓国政府は限界委に対して、二〇〇カイリを超えて延びる延伸大陸棚の外側限界を申請する。附属書Ⅱの四項によれば、科学技術データとともに、限界点を示すデータを提出する義務を負う。締約国十一次会議において（SPLOS/72, paragraph (a)）、附属書Ⅱの四項における一〇年間とは、一九九九年五月一三日までに、と解されるので、政府はここに申請する。締約国十次会議において（SPLOS/183, paragraph 1(a)）、附属書Ⅱの四項における時期および締約国十一次会議で定められた時期は、七六条と「議事規則」および「科学技術準則」を満たすことが求められている。締約国十八次会議（SPLOS/183, paragraph 1(c)）も、沿岸国の予備的情報の提出を求めている。

二〇〇九年五月一二日に韓国政府は国連事務総長に宛てて、東シナ海における領海基線から二〇〇カイリを超えて延びる延伸大陸棚の外側限界を提出した。韓国の予備的情報で示したように、「韓国の領海基線から二〇〇カイリを超えて延びる延伸大陸棚の外側限界は沖縄トラフであり、東シナ海における海床および底土は韓国沿岸大陸棚から海洋法にいう外側限界まで繋がっている」。しかしながら、予備的情報は、日韓が一九七四年一月三〇日に調印した大陸棚南部の共同開発協定で定められた「共同開発地区内の東シナ海における延伸大陸棚の外側限界」に制約されている。予備的情報はまた、「韓国は適当な時期に、七六条八項に基づいて申請することも記している」。

二〇〇九年五月一二日に韓国が予備的情報を提出した後、十分な調査と科学的データを得たので、韓国政府は東シナ海における申請準備を完了して、ここに七六条および「議事規則」、「ガイドライン（科学技術準則）」に対応する東シナ海における関連部分の申請を行う。「議事規則」付属Iの三項に応じて、この部分的申請は東シナ海における韓国の領海基線から二〇〇カイリを超えて延びる延伸大陸棚の一部のみに関わる申請である。それゆえ、他の領域において韓国が延伸大陸棚のさらなる提案を妨げるものではない。

申請を支える七六条に定められた条項

――このエグゼクティブ・サマリー五節に記されたように、韓国は七六条の一、三、四a(ii)、四b、五、七項に基づいて、二〇〇カイリを超えて延びる延伸大陸棚の外側限界をこの部分的申請において行うものである（これは大陸棚が二〇〇カイリをこえること、したがって大陸斜面の脚部を特定し、そこから六〇カイリの包絡線をえがいて、それを超えない範囲で、大陸棚の外側限界線を示すことを意味している）。申請書の準備においてアドバイスを受けた限界委のメンバーは、限界委の現行委員（一九九七〜現在）朴永安教授博士が協力した。

未解決の海洋線引き

――附属書Ｉの二ａ項に基づき、韓国はここに東シナ海における韓国の基線から二〇〇カイリを超えて延びる延伸大陸棚の外側限界を通告する。そこには韓国と他の沿岸国との未解決の海洋線引きが含まれる。この部分申請は、附属書Ｉの二ｂ項に基づき、韓国は東シナ海において向かい合う、隣り合う諸国との大陸棚の線引き問題を排除せずに描かれている。この点において韓国は、東シナ海における隣国との線引き問題を除外せずに部分申請を提起することに努力した。韓国政府は中国政府と協議するとともに、韓国の申請については日本政府とも協議する努力を払った。第七六条一〇項、附属書Ⅱの九項、議事規則四六条、規則への附属書Ｉの五ｂ項に従って、韓国はこの部分申請と限界委のいかなる行為も、線引き問題における隣国の主張を妨げるものではない。

図２　韓国が申請した東シナ海大陸棚延伸

大陸棚延伸の限界の説明
――第七六条一項、三項の韓国の延伸

大陸棚は、東シナ海における大陸棚の外縁に至る自然延伸を通じて、領海を超えて延びる海床および底土から構成されている。この部分申請に記された大陸縁辺部の外縁は、七六条四項a(ii)によって描かれた線を用いている。大陸斜面の脚部の位置は、七六条 四bおよび「ガイドライン」の五・一・三項に基づく。

東シナ海東部における斜面基部の一連の地形のなかで、最大の傾斜変化を示す六地点は、この部分申請で用いられている。この部分申請における韓国領海から二〇〇カイリを超えて延びる延伸大陸棚の外側限界は、脚部から六〇カイリの包絡線が描かれている。これは大陸斜面の脚部から六〇カイリの外側包絡線上の八五個所の定点によって描かれているが、東シナ海における日本の領海は侵さないように描かれている。この部分申請における延伸大陸棚の外側の限界は、七六条五項、七項の基準を満たしている。定点は領海基線から三五〇カイリを超えない延伸大陸棚の外側限界で描かれており、これらの定点を結ぶ距離は六〇カイリを超えない。

――この部分申請における文献、地図、図表、データベースおよび用いられたすべての関連データは、以下の機関によって提供された。外交通商部、国土交通海洋事務省、知財経済、韓国地質鉱物資源研究院、韓国国立海洋調査院、上記機関がこの部分申請のすべての資料の質と信頼性に関して責任を負う。

第3節　日本からの審議棚上げ要求

日本政府は、中国、韓国の申請が、これまでの東シナ海の中間線から大幅に日本側に入り込んでいることから、審議の棚上げをはかった。限界委の討議の状況を委員会の記録から読み取ろう。

中国の申請の経過

二〇一三年九月二四日付CLCS八〇号によると、中国の延伸申請書の作成経過は以下の通りである。

五八項。申請書は二〇一三年八月一五日に作成された。関係者は、中国国連副代表王民、中国外交部辺界与海洋事務司副司長易先良、国家海洋局国際合作司司長張占海、国家海洋局第二海洋研究所副所長李家彪、国家海洋局海洋発展戦略研究所副所長張海文、などである。

五九項。日本側の二〇一二年一二月二八日付および二〇一三年八月一三日付口上書に対して、張海文は二〇一三年一月七日付および八月五日付中国側口上書において、申請書における大陸棚延伸は中国大陸の自然延伸であり、釣魚島と付属島嶼には触れていないと指摘した。

六〇項。張海文はこの部分的申請書について、東シナ海における大陸棚の一部であり、今後東シナ海や他の海域においてさらなる線引き提案を行うことを排除するものではないと指摘した。作成に際しては、限界委委員の呂文正博士の指導と助力を得たことも指摘した。

六一項。限界委は非公開会議として行われた。日中双方の口上書を踏まえて、限界委は議事細則Iの五 aに、「紛争のある場合、一方の提出した線引き案を審議してはならない」と定められていることに基づき、次に議題として提案されるまで、審議を延期することを決定した。

韓国の大陸棚延伸案

——二〇一二年一二月二六日、韓国は七六条八項に基づいて、限界委に対して延伸大陸棚案を提出した。これは二〇一三年七月一五日〜八月三〇日の三二会期の議事日程で扱われることになった。申請書の受理に際して、その内容は以下のように紹介された。

六五項。限界委に対する韓国の申請は康貞植外交部国際司法局長によって行われた。国立ソウル大学地球環境学科准教授崔炅植、米国大使館参事官荘記勇も出席した。

六六項。康貞植は申請書が東シナ海における延伸大陸棚の一部に関わるものであると説明した。限界委の委員である朴永安が助言と指導を行ったことを指摘した。崔炅植は申請した海域は、東シナ海における延伸大陸棚の一部であり、陸地から自然延伸のものだと指摘した。

六七項。荘記勇は日本が二〇一三年一月一一日付、四月三〇日付、八月二八日付口上書で韓国案の審議を行わないよう求めたことについては、韓国は一月二三日付、八月二六日付口上書で回答したと述べた。韓国と日本は一九七四年の共同開発協定を結び、これは今回の申請書と一部が重なることも指摘した。向かい合う、あるいは隣り合う諸国との大陸棚線引きの問題を侵害せずに提案したと限界委に指摘した。中国の二〇一三年四月一五日付口上書について、韓国は四月二六日付口上書で回答したことも指摘した。

六八項。限界委は非公開会議として議事を進めた。中国、日本、韓国の口上書に留意して、議事規則Iの五 a、すなわち争いのある提案書については審議を行わない規則にしたがい、次に議題として提示されるまで、審議を延期することを決定した。

機密保持をめぐる論争

こうして東シナ海の大陸棚問題は、限界委を舞台にしての口上書合戦に至り、はては、以下紹介するように、機密保持が求められる口上書が外部に漏らされたという中傷合戦に至った。

――ＣＬＣＳ八三号によれば、日本政府の二〇一三年七月九日付口上書について、限界委の対応は以下のごとくであった。

一〇一項。二〇一三年七月九日、日本は限界委に宛てた口上書で、二〇〇八年一一月一二日付日本提出の線引き案提案の議事扱いを明らかにするよう要求した。

一〇二項。返答の草稿執筆に責任を負う小委員会は限界委に草案を提出し、限界委の全体会議で草案を審議し、必要な訂正を行ったうえで委員会の返答を決定するよう提案した。委員会議長は二〇一四年三月四日付で日本への返書を発送した。

ＣＬＣＳ八五号の項目一九によれば、機密保護委員会議長が当該委員会に報告した内容は、以下の通りである。

六八項。二〇一四年八月四日、機密保護委員会議長に対して、二〇一四年四月二四〜二五日アモイ大学で行われた海洋法の新発展問題国際シンポジウムにおいて、機密保持規定に違反する行為が行われた可能性があると告発する通知を受けた。告発の内容は、委員会内部の議事扱いの機密が漏れ、非公開の口上書の資料が漏れたというものであった。

六九項。限界委は「議事規則」（CLCS/40/Rev.1）に定められた機密保持違反の規定に照らして、告発の性質を考慮し、委員会として、この問題を機密保護委員会の調査に委ねることを決定した。機密保護委員会は五名の委員からなる調査チームを成立させ、そのメンバーは朴主席Park（Chair）、Heinesen、Kalngui、Marques、Uścinowicz の諸氏に決定した。

この事件の詳細は、ＣＬＣＳ八三号の記述があまりにも簡略なので、何が行われ、どの国が何を訴えたのかがわからない。訴えられたのが中国であるから、訴えたのは、中国と対立していた日本であろう（と推測できる）。尖閣をめぐる対立は、大陸棚の延伸問題に発展し、果ては口上書合戦となり、秘密の口上書を漏らしたと暴露合戦に発展したものであろう。

さて、この告発を受けて調査が行われ、発表された「機密保護委員会の議長報告」は以下の通りであった。

――七〇項。告発内容を調査した文書を審議した。朴議長は報告書を提出し、調査チームの作業を説明し、当該国際シンポジウムにおいて「議事規則」附属書Ⅱに違反する行為が国際シンポジウムの期間中に発生したか否かを確定した。機密保護委員会は協議して二〇一四年九月二日に当該報告を可決し、以下の結論を下した。

七一項。機密保護委員会は調査チームの結論に賛同する。すなわち現有の証拠による限り、国際シンポジウムの期間中に機密保護規定に違反する行為が発生したと認めるには不十分である。

七二項。限界委は機密保護委員会の、現有の証拠による限り、国際シンポジウムの期間中に機密保護規定に違反する行為が発生したと認めるに十分である結論を支持する。

七三項。委員会の報告には以下の資料が含まれる。(a)機密保護違反についての告発、(b)委員会のメンバー当事者の声明、(c)調査チームによる証拠に対する説明と評価、(d)調査の結果は告発された二つのうち、一つを支持するものだ。

七四項。調査チームは厳格な機密保護の状況下で調査を行い、規定の手続きに従うことによって正当な手続きを確保した。報告にはいかなる異議も個人的意見も含まれていない。

七五項。機密保護委員会議長の報告は、本人が議長として再選されたこと、Kalngui 氏と Marques 氏が副議長に再選されたこと、その任期は二〇一四年一二月から二〇一七年六月一五日であることを明らかにした。

七六項。限界委は機密保護委員会の承認した調査チーム報告書に留意した。当該問題を徹底的に調査した後、「議事規則」Ⅱの五・二節に従い、条約の締結国会議に以下のように通報した。限界委および関連委員会は沿岸国と国際社会全体が公明正大な態度を保持し、あらゆる資料の機密保持に留意し、国連と条約締結国の委員会工作の透明度問題に留意し、機密保護問題常設委員会が調査チームの報告を評価したこと、証拠不十分とされた第一の問題は限界委の内部手続きの不備にかかわること、証拠ありとされた第二の指摘は非公開の口上書に書かれた情報漏洩に関わり、当該委員は議事の透明度を意図した複雑な問題を背景としており、かつ本人（呂文正委員）の陳謝を受け入れた。ここであらゆる限界委メンバーが正直、誠信、公正、勤勉を旨として職責を履行し、締約国のアレンジする会議の提案を受け入れ、透明度を確保しつつ、情状を斟酌して行動をとるよう建議した。

中国出身の委員は呂文正である。したがって、この問題は呂文正委員の「陳謝」をもって一見落着となった。事柄は「議事の透明度を意図した複雑な問題」とされるが、尖閣問題や大陸棚の延伸問題で、議事の手続きをめぐる対立がほとんど泥試合になっていたことの一断面であろう。

むすび

大陸棚の定義および延伸大陸棚に関わる海洋法第七六条の規定は、東シナ海のような場合、文字通り、大陸側に圧倒的に有利な規定である。二〇〇カイリを超えて延びる大陸棚自然延伸の考え方によると、中国、韓国の申請案のように、東シナ海における延伸大陸棚は沖縄トラフにまで近づく。中国と韓国はともに協議しつつ、この延伸計画を大陸棚限界委員会に提出した。これに対して日本は、この延伸計画を「審議しないよう求めた口上書」を提出し、議事の扱いをめぐって泥試合になった。その結果、限界委では、中・韓の大陸棚の延伸提案は、沖ノ鳥島同様、ともに「審議を先送り」して今日に至る。

この難題を限界委はどのように裁くのか。大陸棚延伸を考慮しないならば、両国間の距離は四〇〇カイリに満たないので、等距離＝中間線で結着するのが海洋法の常識だ。しかしながら、その場合、延伸大陸棚について長年の討議が行われ、延伸大陸棚の外側限界を細かに規定した「衡平の原則」はどうなるのか。日本政府は、等距離＝中間線を相手国が認めるのは当然とばかりの概念図を描いているが、現在はこの問題について交渉さえできない泥試合の状況にある。関係国の領海ナショナリズムを鎮静化させることは急務である。

［コラム］　隣国との和解に求められるもの

日韓関係をこじらせていた「従軍慰安婦」問題は二〇一五年末の両国外相会談によって「最終的不可逆的」な解決に向かったとされている。著者はむろん、この動きを歓迎し、両国関係が健全に発展することを望むものだ。ハワイ大学の国際関係・国際法専門家、ヨン・ヴァン・ダイク教授は日韓の主張の基本的な立場を理解しつつ、日韓和解案を二〇〇六年に提起した。オクスフォード大学出版社から出ている雑誌 *Chinese Journal of International Law* 掲載のこの種の提案がなぜこれまで十分に検討されなかったのか、門外漢の著者は、いぶかるばかりだ。日韓隣国関係は、引っ越し不能の長い隣国関係であるから、「六日の菖蒲、十日の菊」の嫌いはあるが、あえて紹介する。

慰安婦問題、そしてその根源にある韓国併合について、韓国側は「非合法＝イリーガルなもの」「国際法」「国際法を蹂躙したもの」と批判してきた。これに対して、日本側は、韓国併合は「当時の国際法」のもとでは、「合法的＝リーガル」であった。「非合法＝イリーガルなもの」という非難は当たらない。たとえば米国は一八九八年に「ハワイを併合した」ではないか、と反論してきた。確かに米国はハワイを併合した（アメリカは米西戦争の勝利後、グアム（一八九八年六月）、ハワイ（一八九八年八月）、フィリピン（一八九八年一二月）を相次いで併合した）。

しかしながら、百年後の一九九三年に米国議会は、上下両院の合同決議を採択して、ネイティブ・ハワイアン（ハワイの先住民およびその子孫）に対して公式に「謝罪」するとともに、「米国とハワイ人との和解」を呼びかけた。このニュース自体は日本国内でも報道された。だが、これを日韓関係あるいは日本と他の対アジア関係を検討するうえでの「他山の石」と解読したものは、どれだけあったか。私見によれば、国際法の専門家ヨン・ヴァン・ダイク教授の提言「韓国と日本の和解」（*Chinese Journal of International Law*, Vol. 5, No. 1, 215–239, 28 February 2006）は、十分に味わうべき内容を含んでいる。

――この合同決議は、米国政府が一八九三年の転覆を「外交的軍事的に支持した」ことは「非合法」（illegal）であり、「国際法違反である」ことを認めたものだ。この強い声明は、国際法にいう、「時際法原則」（intertemporal law）の応用であり、国際法における「今日の見解」を「一八九〇年代の出来事」に応用したものだ。いずれにせよかつて悪事が行われ、その障害は今日に及ぶことを力強く認めたものである。米国とハワイ人との和解はいま行われているが、ハワイ人の「主権を回復」し、「土地と資源を回復する」ことが必要だ。（翻って）日本政府は韓国人への「謝罪」は述べたものの、両国の和解は、これらの謝罪が「実質的価値のある物の引き渡し」を伴うことによって初めて完成する。

ヨン・ヴァン・ダイク教授は、こうして「謝罪」とは、「実物の引き渡し」（a transfer of items of real value）をもって完成することを指摘する。これはむろん日本の常識にも適う。口先だけのコトバを誰も信じない。ところが、韓国併合についていえば、二重に概念のトリコになっている。すなわち「当時の国際法のもとでは、併合は合法的」という価値観念である。そして日韓平和条約においても、「一切の請求権問題が解決された」とする条文に縛られて、身動きがつかない。

日本政府は「米国や韓国と価値観を共有する」と強調しているが、じつはその政策判断においては大違いなのだ。日本の国際法専門家たちは「時際法原則」の援用を絶対視して、「百年前の出来事を今日の国際法で裁くなかれ」と主張する。だが、米国議会の良識は、「時際法原則」の応用として、「今日の国際関係の常識」に基づいて、「百年前の行為が国際法違反、非合法である」と断じたのだ。

日本の国際法専門家たちがいかに「個々の条文」に縛られて、「法の精神」を見失っているかを端的に物語るものと評してよいのではないか。

さて、ヨン・ヴァン・ダイク教授は、このような米国とハワイ人との和解を引き合いに出して、日韓の和解提案を次のように提起した。

「この論文は、韓国の慰安婦への適切な補償ならびに、（両国が主権を主張している小さな島）竹島／独島への主張を日本が放棄することが隣国間の和解を公式に行うことに役立つのではないか、と提唱する。」

従軍慰安婦の問題は、いまソウルの日本大使館門前の「少女の像」に焦点が当てられ、その撤去の有無が論じられている。これは本末転倒だと本書の著者は考える。この像は、日本の韓国併合の後遺症を示すシンボルとして存在している。それゆえ、韓国併合が当時の国際関係のもとでは許容されたものの、百年後の今日は、認められないこと、また日韓平和条約は半世紀前に調印されたが、当時の国際関係のもとで韓国にとって必ずしも十分に納得できるものではなかったこと、これらの欠点を現時点で再検討することは、両国関係にとって必須の課題だと著者は考える。

日韓と比べて日中はより複雑な要素を抱えている。しかしながら、「和解」のための「謝罪」は、「実物の引き渡し」をもって完成するという古今の道理を踏まえて誠実な交渉を行うならば、田中角栄・周恩来会談の相互理解の線に戻すことは不可能事ではない。こじれきった日中韓の三角関係は、領海の線引き問題に集約されている。本書がこの線引きを考える示唆を提起できたとすれば、望外の喜びである。

補章　再論、尖閣「国有化騒動」批判

尖閣の国有化騒動は戦後日本が経験した最大の外交的失敗であると著者は考える。これによって田中周恩来会談を経て国交正常化された日中関係が甚だしく悪化したことは繰り返し指摘してきた通りだ。

二〇一二年九月の尖閣国有化前後、私は日中関係について四冊の本を急いで書いた。すなわち『チャイメリカ――米中結託と日本の進路』（二〇一二年五月、花伝社）、『尖閣問題の核心――日中関係はどうなる』（二〇一三年一月、花伝社。中訳版は、二〇一五年一一月、中国・社会科学文献出版社）、『尖閣衝突は沖縄返還に始まる――日米中三角関係の頂点としての尖閣』（二〇一三年八月、花伝社。中訳版は、二〇一六年四月、中国・社会科学文献出版社）、『敗戦・沖縄・天皇――尖閣衝突の遠景』（二〇一四年八月、花伝社）、である。

一冊目のタイトルには「尖閣」の文字はないが、第一〇章「日中相互不信の原点を探る――大佛次郎論壇賞・服部龍二『日中国交正常化』の読み方」は、御用学者による史実の歪曲であり、このようなレベルの低い本に賞を与えて宣伝する『朝日』、『毎日』（アジア太平洋賞）やその選考委員たちは、日中関係の悪化を促進するものだと批判した。第一一章「外務省高官は、いかなる国益を守ったのか」では、田中角栄・周恩来会談の記録を改竄した外務省高官の作風を批判した。二冊目から四冊目までには、いずれも「核心」「頂点」「遠景」など、尖閣を主題とし、伏線を分析したタイトルが付されている。これら四冊は、いずれも情況に追われて書いたもので、当初から本にまとめる構想は一切なかった。

遺憾ながらこれら四冊は国内マスメディアによって完璧に黙殺された。大新聞の書評は、私の知る限りゼロに近い。書評担当者たちは時の反動政権の顔色をうかがい、「非国民の書」扱いして敬遠したものか、と私は邪推している。

本章では、四冊の要約を示し、尖閣国有化という愚策の弊害が、前章までに明らかにした、東シナ海、沖ノ鳥島の領海問題に深刻な影響をおよぼしている姿を明らかにするものだ。

第1節　サッチャー文書から現れた歴史の真実——尖閣領有の棚上げ

領海ナショナリズムという海の亡霊が日本に襲いかかっている。その荒々しい波濤に洗われて沈没寸前の島さえある。否、日本丸そのものが沈没しかかっているようにも見える。尖閣の国有化騒動に始まった嵐を鎮めるにはどうすればよいのか。

二〇一四年暮れ、思わぬところから「尖閣棚上げ」情報が届いた。英国政府の情報公開により、一九八二年九月、サッチャー首相と鈴木善幸首相とで交わされた尖閣対話の内容が明らかになったという話である。自宅の電話口で東京の共同通信記者がロンドン特派員から届いた記録の要旨を伝えてくれた。私は少し不機嫌に「その程度の会話はおそらく当時の常識にすぎない。鈴木首相が〝特定機密〟を漏らしたような話ではあるまい」とそっけなく答えるのみであった。そもそも鄧小平は東京のプレスセンターで数十分の記者会見を行い、尖閣棚上げの趣旨は当時各紙が大きく報道したし、プレスセンターのホームページには発言の全文が掲載されているではないか。

もし、それが中国側の一方的見解の表明にとどまるものであり、日本政府としては、承認しがたい内容であるならば、当然「発言の修正を求める」とか、「発言に抗議する」とかの対応があって然るべきだ。そのような対応は私の記憶するかぎり、一切なかった。つまり、日本政府（外務省）としては特に異論がなく、鄧小平会見の内容が日中尖閣対話の（中国側の理解した）要点だと内外に受け取られることを容認したのではないか。その後、件の記者が私の談話要旨をメールで確認を求めてきたので、若干の字句を修正して返信した。私のコメントは以下の通りである。

「事実認め関係改善を――矢吹晋・横浜市立大学名誉教授（現代中国論）の話」

外国首脳にまで尖閣諸島をめぐる問題を「棚上げした」との認識を首相自身が伝えているのは、日中関係において「棚上げ」の存在が当時、常識だったことを裏付けている。鄧小平氏が一九七八年に日本で記者会見し、尖閣について日中間で触れないことで合意したと明らかにした際に、日本は特に反論しておらず、異論がなかったと国際的に受け止められても仕方がない。日本政府が現在「棚上げはなかった」などと主張しているのは無理がある。日本政府は事実を認めた上で、日中関係の改善を図るべきだ。

ここで、サッチャー首相と鈴木善幸首相とで交わされた尖閣対話を報じた共同電を示しておこう。

【ロンドン共同】一九八二年九月、鈴木善幸首相が来日したサッチャー英首相（いずれも当時）との首脳会談で、沖縄県尖閣諸島の領有権に関し、日本と中国の間に「現状維持する合意」があると明かしていたことがわかった。英公文書館が両首脳のやりとりを記録した公文書を二〇一四年一二月三〇日付で機密解除した。「合意」は外交上の正式なものではないとみられるが鈴木氏の発言は、日中の専門家らが指摘する「暗黙の了解」の存在を裏付けている。日本政府は現在、尖閣諸島問題について「中国側と棚上げ、現状維持で合意した事実はない」と主張、暗黙の了解も否定している。首脳会談は八二年九月二〇日午前に首相官邸で行われ、サッチャー氏の秘書官らのメモを基に会話録が作られたとみられる。

この共同電から明らかなように、英公文書館は両首脳の会談の当時の記録を完全に保存して、三二年後に原文をそのまま公開した。この種の公文書公開は世界の潮流として定着した感がある。ところが日本政府・外務省は公文書の現物自体（田中・周会談および園田・鄧会談記録）を改竄している。尖閣問題がトラブルの原因となった一因は、二つの公文書の改竄のためである、と著者は分析し、事態を憂慮してきた。共同電は、「（日中の尖閣問題に関する）『合意』は正式のものではない」と記しているが、ここで沖縄返還におけるニクソンと佐藤栄作の秘密メモを想起しよう。このメモは後日佐藤故居の遺品から発見された。そのメモには両首脳のイニシャルまで書き込まれていたが、外務省は「私的メモ扱い」して、その存在を無視した。日本では首相よりも官僚が上位にあると見る倒錯が横行している。また共同の記者はここで「日中の専門家ら」と書いているが、『朝日新聞』は二〇一二年一二月三一日付のインタビューでの栗山尚一条約課長（当時、のち米国大使）が「暗黙の了解」と認めたことを報道しつつ、その責任を一切追及しない癒着ぶりが想起されるべきだ。

あわせて共同電が伝えた「サッチャー・鈴木の尖閣対話」の詳細を示しておこう（英文原資料、尖閣をめぐるサッチャーと鈴木の対話、一九八二年九月二〇日、東京、首相官邸にて。香港発コンフィデンシャル電）。

――サッチャー首相に対する鈴木首相のアドバイスは、（香港）問題を鄧小平と直接協議すること、できる限り小人数の協議がよい、というものであった。鈴木のアドバイスは、争いのある領土・尖閣諸島を処理した経験に基づくもので、鄧小平と直接交渉することから得られた。（日中）両国政府は主な共通利益を基礎として協力し、細部の食い違いを残して置く、すなわち問題を具体的に取り上げず、領土問題を効果的に棚上げする現状維持によって、鈴木は容易に両国の一致点に到達したのであった。サッチャーは鄧小平と協議するという鈴木の方法を歓迎しつつも、香港（問題）の場合には、香港における投資家の信頼感を維持できないならば、単に問題を棚上げするだけでは十分ではあるまい、とコメントした。

日英の首脳会談が行われた日付が一九八二年九月二〇日および場所は首相官邸である事実に留意したい。単なる私的な会話ではない。念のために記すが、歴史的なサッチャー・鄧小平会談の四日前だ。鈴木善幸首相は尖閣問題について中国の実力者、鄧小平と直接交渉した結果、「日中両国政府は大きな共通利益に基づいて協力すべきで、詳細に関する差異は脇に置くべきだ」との合意に容易に達したと説明した。その結果、「（尖閣の）問題を明示的に示すことなしに現状を維持することで合意し、問題は事実上、棚上げされた」と述べた。

この発言で重要なのは、鈴木が鄧小平との対話とその率直な印象を語っていることだ。「共通利益に基づく協力」「差異は脇に置く」とは、周恩来・田中会談の「求同存異」を確認したにすぎない。「合意に容易に達した」とは、すでに前例として、①田中・周恩来の一九七二年会談および、②園田直・鄧小平一九七八年会談が存在し、その確認にすぎないためにほかならない。つまり、大平の急死を受けて首相の座を得た鈴木までは、田中・大平・園田三者による中国要人との対話記録が正確に伝えられており、世論もまたその概要を承知していた。鈴木は、尖閣問題で鄧小平は極めて協力的で「尖閣の将来は未来の世代の決定に委ねることができる」と述べたと紹介した。

この鄧小平発言は当時、人口に膾炙した。ところが、鄧のいう「未来の世代」はますます愚かになり、今日の日中対立をもたらした。こうして寝た子をあえて目覚めさせ混乱を作り出したのは、誰もが知るように石原慎太郎であり、それに追随した野田佳彦政権である。その罪は万死に値するであろう。鄧小平は一九七八年八月に園田直外相と北京で会談し、鈴木も首相就任前の一九七九年五月に訪中し会談しており、鈴木によるサッチャーへの提言はこうした経緯を踏まえたものとみてよい。

鄧小平・園田直による北京会談の記録は存在しないと、石井明教授の質問に対して外務省は返答している（石井明「昭和天皇の対中謝罪」『善隣』二〇一六年二月号）。その無責任答弁を野党もメディアも追及していない。

鈴木・サッチャー会談でサッチャーが英国の懸案だった一九九七年の香港租借切れ後の英国統

治継続問題を取り上げたことを受け、鈴木が鄧小平と直接交渉するよう助言した。サッチャーは、東京から北京に向かい、四日後の一九八二年九月二四日鄧小平と会談を行い、香港返還の基本方針を協議した。それを皮切りに英中協議が重ねられ、一九八四年一二月一九日に返還協定に両国が署名した。鄧小平は「一国両制」を約束したが、後の「雨傘革命」はその約束の継続を求めたものだ。

一九七八年一〇月に来日した鄧小平は記者会見の内容は、前述のように文字記録だけでなく、You Tube による音声もプレスセンターのホームページに掲げられている。

鄧小平の記者会見からも明らかなように、日中両国政府は七二年の日中国交正常化交渉の際に「(尖閣諸島の問題に)触れない」ことで合意している。この田中・周恩来会談記録の改竄を私は批判している。一九七八年の日中平和友好条約の交渉でも同様のことを確認した。これは園田直外相と鄧小平副総理との会談であり、園田自身は自著『世界 日本 愛』(第三政経研究会、一九八一年)で経緯を詳しく記している。私は前掲『尖閣問題の核心』「園田直の語る外相交渉の真実」で園田の証言を引用した。徳は孤ならず、という。田中・周恩来会談における尖閣棚上げの真実を物語る資料を日本政府は改竄し、棚上げを否定したが、サッチャー首相の文書庫に残されたものまで処分することはできなかった、これがオチである。

第2節　沖縄返還・日中国交回復と尖閣棚上げ

1　沖縄返還から日中国交回復へ

私は『尖閣問題の核心』で、尖閣諸島／釣魚島及其付属島嶼／釣魚台列嶼（日本でいま「尖閣諸島」と呼ぶ島嶼を台北政府は「釣魚台列嶼」（略して釣魚台）、北京政府は「釣魚島及其付属島嶼」（略して釣魚島）と呼ぶ。台と島の使い分けである）の領有権について、一九七二年九月の日中国交回復交渉、一九七八年の日中平和条約交渉の場において、両国首脳の間ではっきりと棚上げの合意があったことを示し、「棚上げがなかった」とする政府答弁書等日本政府の態度は、国交回復の精神を根本から否定し、日中関係を危うくするものであることを強く主張した。しかも、それは歴代外務省担当者による記録の改竄に出発するものであり、野田政権による尖閣三島の国有化は、日中関係を決定的に悪化させたことを追及した。

ここで念のために、尖閣の国有化問題に対する国連事務総長の問い合わせに対する二〇一二年一二月の日本政府の回答およびその日本政府の立場に対する中国の国連への回答、日本政府の口上書SC/12/372（二〇一二年一二月二八日付）は、次の通りである。

――国連日本代表部は、（中国）申請書に含まれる尖閣問題について、日本政府の立場を謹んで以下のように申し上げる。歴史的事実と国際法に照らして、尖閣諸島が日本固有の領土であることは疑いない。尖閣諸島は日本の実効支配の下にある。尖閣諸島については、解決すべき領土主権の問題は存在しない。当該申請書は中華人民共和国の主張する「基線」と尖閣諸島についての言及を含むが、これらの「基線」なるものは、国際法の下で法的根拠を欠くものだ。中国のいう「基線」を含めて尖閣問題についての言及は、上述の理由からして日本政府として絶対に容認できない。日本政府は国連代表部から国連事務総長宛ての口上書PM/12/303（二〇一二年九月二四日付）においても、中華人民共和国の尖閣諸島の領海基線にかかわる海図と地理的座標リストを論駁するために提出済みである。

中国の国連への回答は次の通りである。

――釣魚島とその付属島嶼は古来中国の固有の領土である。中国は釣魚島とその付属島嶼に対して十分な歴史的、地理的、法理的根拠をもつ。日本が釣魚島を窃取した立場は不法であり、無効であり、釣魚島が中国に属する事実を変えることはできない。二〇一二年九月、中国政府は中華人民共和国領海法に基づき、釣魚島とその付属島嶼に対して領海基点と領海基線を公布した。日本がSC/12/372で照会した内容を中国政府はCML/001/2013（二〇一三年一月七日付）で述べたごとく、受け入れない。

「日中間の棚上げ」に関連して、私は『尖閣問題の核心』で、一九七一年の沖縄協定で、アメリカが沖縄の施政権を日本に返還するのであって、尖閣諸島の領有権については、関係国の協議にゆだね、アメリカは「中立の立場」をとるとしていることに注意を喚起した。あわせて、尖閣諸島が日米安保条約の適用範囲にあるとしても、アメリカが尖閣諸島の領土紛争で中国に対して軍事力を行使することはありえず、日中は、尖閣諸島の領土問題について、真摯に話し合うことにより、東アジアの平和と資源の共同開発の道を探る以外に解決の道のないことを訴えた。ではなぜアメリカは、「施政権」と「主権」を分けて取り扱うという奇妙な態度に固執したのだろうか。

著者は前著『尖閣問題の核心』の脱稿以後、あらためて、サンフランシスコ平和条約に集約される戦後処理と、一九七二年沖縄返還についての国務省記録、上院外交委員会公聴会記録など関係書類をあたり、なぜアメリカが「尖閣の領有権問題については中立である」とするのかを探ってみた。後者の『尖閣衝突は沖縄返還に始まる』は、論点の中心を沖縄返還交渉に置いた。

じつは、一九七一年六月に調印された日米沖縄返還協定と一九七二年九月に田中角栄・周恩来会談の結果として発表された日中共同声明は、両者共に日本の戦後処理に関わる外交交渉であり、両者はいわば「臍の緒」で結ばれていた。しかしながら、日本を挟む二つの大国との外交関係の基礎を構築した二つの外交文書は、密接に関連しているにもかかわらず、両者の「臍の緒」を論じたものは、管見ながら国交正常化以後の四〇余年、ほとんどないように思われる。

2　中華民国から中華人民共和国へ主役交代

日中国交正常化の前年、すなわち一九七一年一〇月に、国連総会で中国代表権問題が結着し、国連で「中国」の座を代表するものが中華民国政府（台湾）から、中華人民共和国（北京）に代わったことも、田中訪中に至る前夜の出来事として、また田中訪中を決定づける国際的背景として、誰でも知っている。田中訪中はいうまでもなくこのような冷戦構造の一つの転換点ともいうべき、国際社会の大きなうねりを背景として実現されたのであった。当時、人々の視線は、世界でも日本でも、北京に注がれていた。毛沢東が中華人民共和国の成立を宣言した一九四九年からすでに二〇年以上を経ており、冷戦構造に阻まれていた日中の和解がようやく成ろうとしていたのである。

沖縄返還協定の調印は一九七一年六月、施行は翌一九七二年四月であり、「沖縄返還」と「日中正常化」という二つの戦後処理は、密接な関係で結ばれていた。私はこれを両者の「臍の緒」と呼ぶ。それこそが尖閣問題にほかならない。

一九七一年秋の国連総会は、こうして第二次大戦後に成立したヨーロッパにおいて東西を隔てる「鉄のカーテン」とアジアにおける「竹のカーテン」に阻まれた対立構造のうち、東アジアの部分、すなわち「竹のカーテン」に風穴を開け、田中訪中は、この風穴を通って実現したと見てよい。この大きな舞台回しの一方の主役は、むろんニクソン大統領であり、その助手キッシンジャー補佐官であることはよく知られている。この主役を迎え入れて、強烈な存在感を世界に示したのが毛沢東主席（一八九三〜一九七六）であり、周恩来総理（一八九八〜一九七六）であったこともよく知られている。たとえば周恩来は一九七一年四月に名古屋で開かれた世界卓球選手権大会に参加した米国の選手たちを北京に招き、「ピンポン外交」を演じて世界を驚かせた。ピンポン外交の表舞台は名古屋だが、このスポーツ・イベントを利用して、米中両国が、地下水脈を構築し、接触を重ねていたことを当時の日本人は、ほとんど知らなかった。

アメリカの卓球チームを招くパフォーマンスの裏には、ニクソン招請計画が隠されていた。卓球チームの訪中から一ヵ月後、一九七一年五月二三日に『ニューヨーク・タイムズ』に、在米華人たちの意見広告「保衛釣魚台」（**図1**）が掲載され、「釣魚台列嶼（日本名＝尖閣諸島）は中国の領土である」と主張した。

――「ニクソン大統領および米国議会議員諸氏への公開状（意見広告）」日本政府および琉球政府により、釣魚台諸島に対する中国の主権が蹂躙されていることについて各位の注意を呼びかけるために認《したた》めます。これは一九六八年に国連地質調査によって東シナ海の大陸棚に豊富な石油資源が埋蔵されていることが明らかになった以後に生じたものです。これらの諸島に対する中国の主権を尊重し、かつこれを確保するためにふさわしい措置を講じられるようわれわれは各位に訴えます。各位によってそのような措置がとられるならば、東アジアの紛争の原因を除去し、米中両国人民の友好を促進するでありましょう。……国務省マクロスキー報道官は一九七〇年九月一〇日に、米国は（主権問題について）中立を保つと言明しています。

この意見広告は米国内外に大きな反響を呼び、同年一〇月の米上院外交委員会での沖縄返還協定公聴会にも討議用参考資料として提出され、後日公聴会付属文書（アネックス）として印刷されている。この意見広告は、尖閣の領有問題について「米国が中立の立場を保つ方針」を「一九七〇年九月一〇日の時点」で、すでに国務省スポークスマン・マクロスキーが明らかにしたことに触れている。マクロスキー発言を在米の保釣運動の活動家たちが知っていたことはきわめて重要であろう。

保衛釣魚台

An open letter to
President Nixon
and members of the Congress

We write to call your attention to the violation of Chinese sovereignty over the Tiao Yu Tai islands by the Japanese and Liu Chiu (Ryukyu) governments. This took place after a 1968 United Nations geological survey had revealed that the continental shelf in the East China Sea might hold rich oil reserves. We urge you to respect and to take appropriate measures to ensure Chinese sovereignty over these islands. Such action by you will remove a source of conflict in East Asia and will further the friendship between the American and Chinese peoples.

We therefore ask you to reconsider the United States' policy on this issue. State Department spokesman Robert McCloskey stated on September 10, 1970, that the United States would remain neutral. Any attempt to turn the Tiao Yu Tai islands over to Japan in the forthcoming "Okinawa Reversion Agreement" will contradict the principle of neutrality. Specifically, we ask that you

(1) Disavow any claims that the Tiao Yu Tai islands are part of the American-administered Liu Chiu islands or Nansei Shoto.

(2) Recognize Chinese sovereignty over these islands.

(3) Censure actions by the Japanese and the Liu Chiu governments which violate Chinese sovereignty and condemn attempts by these governments to resolve the issue through the use of force.

We appeal to you to use your initiative and moral authority to assure that the legitimate rights of the Chinese People will not be sacrificed as an expedient to international politics. Your just action in this matter will improve the prospects for peace in the Pacific area.

図１　「釣魚台（尖閣列島）は中国の領土」——『ニューヨーク・ダイムズ』（1971年５月23日付）掲載の在米華人の広告

3　鈍感をきわめた日本外交

ちなみに日本の国会で領有権問題が初めて議論されたのは、三ヵ月後、すなわち一九七〇年一二月八日であった。沖縄選出の國場幸昌議員が四日前の新聞報道に驚いて質問したものだ。意見広告から一ヵ月後、六月二一日周恩来は天安門広場に面する人民大会堂福建省の間で、米国からやってきた『ニューヨーク・タイムズ』の副編集長トッピング夫妻、『ウォールストリート・ジャーナル』の外報部キートレイ記者夫妻ら三組の夫婦を招いて懇談した。『周恩来年譜』（下巻四八四頁、中央文献出版社）に次の記述がある。「一九七一年六月二一日の項。『ニューヨーク・タイムズ』副編集長トッピング夫妻、『ウォールストリート・ジャーナル』外報部キートレイ記者夫妻と会見した」と。この会見は、日本ではほとんど知られていないが、尖閣問題にとっては極めて重要な出来事であった。

キートレイ夫妻執筆の「ピンポン外交の後、キッシンジャー訪中の前に――周恩来かく語りき」（"After Ping Pong Before Kissinger," *China File*, December 31, 2012）によれば、周恩来は米国側に対して、「米中関係改善の前提条件」として台湾問題を挙げ、さらに台湾に付属する無人島にすぎない尖閣諸島の扱いは、台湾問題と同時に解決すべきものと指摘していたからだ。「ひとたび台湾問題が解決されるならば、他の問題はすべて解決できる。そうすれば、中国は米国と外交関係を樹立できよう」。キートレイはこの回想記で、「釣魚島問題がいかにこの問題と深く関わっているかを知るには、次の周恩来発言を引用するのがよい。『釣魚島、黄尾嶼、赤尾嶼、南礁、北礁を含む島嶼は、台湾省に付属している』」と書いた。

ここで周恩来はわざわざ五つの島名に言及している。これは周恩来が対外的に初めて「尖閣棚上げ」を語った重要談話なのであった。キートレイの回想記によれば、「中国旅行の焦点は六月二一日人民大会堂福建省の間で行われた周恩来首相の招宴であった」「メッセージの核心は明らかだった。中国は変わりつつあり、米国と従来とは異なる条件での交渉を準備している。(周が米記者を招いたことは)その小さな証拠にすぎない。とはいえ、周首相を含めていかなる中国人もこの件について詳細をおおやけに語る準備はなかった」。

周恩来が田中角栄との日中首脳会談で、「尖閣問題の棚上げ」を提起したのは、一九七二年九月である。米国のジャーナリストたちに対して、一九七一年六月に語ってから一年後のことであった。では、周恩来はなぜ棚上げを提起したのか、その真意は何か。その答は簡単明瞭、「尖閣諸島は台湾に付属した島嶼である」からだ。卑近なたとえだが、仮に台湾島を小犬にたとえるならば、尖閣諸島は小犬の尻尾にすぎない。「台湾自体の帰属が解決を見ない段階」で、小犬の尻尾にも似た「付属島嶼を論じても無意味だ」「尖閣問題は台湾問題と同時に解決するほかに道はない」——これが周恩来の大局観であった。そしてこのメッセージを『ニューヨーク・タイムズ』『ウォールストリート・ジャーナル』などの幹部記者たちに対して説いたのである。なぜ

『ニューヨーク・タイムズ』か。一九七一年五月二三日の意見広告に明らかなように、在米華人社会の意見として「保衛釣魚台」を掲載していたからだ。

この動きを注意深く追跡しつつ、国務省の担当者たちは沖縄返還協定の条文を練り上げたのだ。しかし遺憾ながら日本政府は、この動きについて信じられないような鈍感な対応しかしなかったように見える。少なくとも国会における問答には、まるで緊迫感が欠けていた。外交当局が「国会には内密で」努力した形跡もほとんど見られない。

まるで蚊帳の外に置かれた日本とは大違い、周恩来メッセージを最も的確に受け止めていた一人が、米国という「敵国」上院外交委員会のフルブライト委員長にほかならない。フルブライトは、一九七一年一〇月二七日に開始された上院での沖縄返還協定公聴会の冒頭の開会挨拶で、ピンポン外交とキッシンジャー秘密訪中が国連総会を大きく動かし、中国の代表権問題が結着したことに触れつつ、公聴会の開始を宣言した（『米国上院公聴会記録』*Okinawa Reversion Treaty, Hearings before the Committee of Foreign Relations, United States of Senate*, Ninety-Second Congress, First Session on Ex. J.92.1）。

「沖縄返還協定は長年の経済摩擦で緊張した日米関係と中国に関わる過去数ヵ月の成り行きに悩まされるわれわれの前にやってきた。米国はいまや中華人民共和国との国交正常化を求めると声明したが、政策変更は見たところ日本との協議なしに行なわれた」。このフルブライト発言ほど、当時の舞台転換をズバリ説明した言葉は見当たらない。

一つは日米間、米台間が繊維交渉で緊張していたこと、他方国連の場では、中国代表権の問題が大詰めを迎え、一九七一年一〇月二五日遂に中国の国連復帰を決定したこと。このような日米、米中（台北）関係、そしてその影響を受ける米台、米韓関係への影響も見据えながら、米国が米中（北京）関係正常化への第一歩を日本の頭越しに始めたことを最も短い言葉で触れたのであった。遺憾ながら朝鮮戦争以来約二〇年にわたる「中国封じ込めの最前線基地」として沖縄に米軍基地の提供を強要してきた日本には、「事前協議」は一言もなく、米国のほとんど信義にもとる豹変ぶりに対しても、抗議一つできないほどに飼育されきっていたのが日本政府である。

国民もまたそのような政府に対して弱々しい批判しかできなかった。沖縄返還四〇余年後に、尖閣をめぐって日中が激突したのは、このときに仕掛けられたダイナマイトが炸裂したものだ。「ダイナマイト」という表現は、当時米台関係の交渉に当たった国家安全保障会議補佐官代理ヘイグの用いたキーワードである（Haig's handwritten comment on the bottom of the memorandum reads: "Cripes John-this is dynamite. In any event we should wait till we see how textiles come out." National Archives, Nixon Presidential Materials, NSC Files, Box 522, Country Files, Far East, China, Vol. IX.）。

中国政府は一九七一年一二月三〇日付で「釣魚島／尖閣諸島に関する中国外交部声明」によって、国際的に広く、釣魚島問題を公式に提起した。この外交部声明は、同年六月末における米記者に対する周恩来ブリーフィングから半年後のことであり、また返還協定調印の一週間前のことであった。もう一つの中華民国外交部声明は一九七二年五月九日付であり、これは返還協定が施行された五月一五日の一週間前であった。内容は両者ともに「釣魚島／釣魚台列嶼は台湾の付属島嶼だ」という一点に尽きる。周恩来の見るところ、釣魚島問題はあくまでも「台湾解放（統一）」の一部にすぎず、台湾問題について解決の方向すら見えない状況で釣魚島を論ずることは無意味と説いたのであった。

むろんすでに『ニューヨーク・タイムズ』の意見広告へのコメントで触れたように、一九七〇年九月の時点で米国務省スポークスマンは尖閣／釣魚島の領有についての米国の中立の立場を表明したことは、この問題が沖縄返還交渉の当初から返還対象の範囲画定の問題として、テーブルに乗っていたためというよりは、この時点で急に浮上した争点であることを示唆する。いいかえれば、ニクソンが国務省の原案を踏まえて、「尖閣の帰属に関わる態度を最終的に決断した」のは、じつに「調印の一〇日前、直前のこと」であった。中国の国連復帰が具体的な日程に上り、これと連動して中国の国際的な発言権が格段に強化されつつあった潮流と、米国の豹変は決して切り離せない。

周恩来が米記者を応接した一ヵ月後、一九七一年七月にキッシンジャー秘密訪中が行なわれた。キッシンジャーは周恩来との間で、七月九日から一一日までの三日間に四回の会談を重ねた。アメリカは泥沼化したベトナム戦争を終わらせるには、北ベトナムを後方から支援し続ける中華人民共和国の協力を必要としたため、朝鮮戦争以来二〇余年にわたって敵対し、「封じ込め作戦」

を展開してきた中国に対する政策を大転換し、後に「関与政策」と呼ばれる方向に大きく舵を切った。こうした「アメリカの豹変」は、国際世論に衝撃を与え、一〇月二五日、国連総会は常任理事国の座を北京政府に渡す決定を行い、常任理事国の座を失った中華民国（台湾）の蔣介石政府は自ら国連を脱退した（いわゆるアルバニア決議＝第二六回国連総会二七五八号決議は一九七一年一〇月二五日に採択された）。

米日等の親台湾派は蔣介石に対して、常任理事国の一員ではなく、国連総会の加盟国の一員としてとどまるよう工作したが、これは蔣介石側が拒否した。日本は、中国の加盟を主張する一九六四年案と一九七〇年案にともに反対票を投じた。一九七一年総会においても、佐藤内閣の「中華人民共和国の国連加盟は賛成するが、中華民国の議席追放反対」の方針により、「台湾追放反対決議案」の共同提案国に加わった。

こうして一九七一年四月のピンポン外交から一〇月末の中国国連復帰までの半年、世界の冷戦政治の舞台はいわば北京を基軸として一回転し、これによって長いベトナム戦争に終止符を打つ展望が開かれ、あたかもその余波を受けつつ沖縄返還が実現した。この文脈で一九七一年半ばは、第二次大戦後に発展してきた冷戦構造の再編成の大きな転換点として注視すべきである。沖縄返還はこのような転換期に行なわれた交渉であったために、その交渉の不備、あるいはツメの甘さが、際立つ。それこそが今日の尖閣問題を生み出した直接的契機なのだ。

第3節　尖閣問題の起源

歴史的源流をたどると、尖閣問題の起源は明治政府による一八九五年の「無主地」（terra nullius）の「先占」（occupatio）決定に始まるが、一九四五年のポツダム宣言受諾当時も、サンフランシスコ対日講和条約第三条に基づき、南西諸島（琉球列島や大東島を指す）の処理が決定され、米国を施政権者とする信託統治制度の下におかれ、沖縄に対する米軍の占領行政が継続されることが決定した時点においても、尖閣諸島という固有名詞が特定されて、その扱いが問題になることは一切なかった。この講和会議に参加しなかった中国の周恩来外相は、「対日講和問題に関する声明」（一九五一年八月一五日）において領土問題に関わる中国の主張を次のように述べた。

――第二に、領土条項における対日平和条約のアメリカ、イギリス草案は、占領と侵略を拡げようというアメリカ政府の要求に全面的に合致するものである。一方では草案は、さきに国際連盟により日本の委任統治の下におかれていた太平洋諸島にたいする施政権の他、更に琉球諸島、小笠原群島、火山列島、西鳥島、沖之鳥島及び南鳥島など、その施政権まで保有することをアメリカ政府に保証し、これらの島嶼の日本分離につき過去のいかなる国際協定も規定していないにもかかわらず、事実上これらの島嶼をひきつづき占領しうる権力をもたせようとしている。他方では、カイロ宣言、ヤルタ協定及びポツダム宣言などの合意を破って、草案は、ただ日本が台湾と澎湖諸島及び千島列島、樺太南部とその付近のすべての島嶼にたいする一切の権利を放棄すると規定しているだけで、台湾と澎湖諸島を中華人民共和国へ返還すること、ならびに千島列島及び樺太南部とその付近の一切の島嶼をソビエト連邦に引渡すという合意に関しては、ただの一言も触れていない。

後者の目的は、アメリカによる占領継続を覆い隠すために、ソビエト連邦にたいする緊張した関係をつくりだそうと企てている点にある。前者の目的は、アメリカ政府が中国領土である台湾のアメリカ占領を長期化することにある。しかし中国人民は、このような占領を絶対に許すことができないし、またいかなる場合でも、台湾と澎湖諸島を解放するという神聖な責務を放棄するものではない［後略］。

沖縄返還に際しては、その前提として米国の占領行政の対象範囲を確認することから始まった。その範囲は、米琉球民政府布告第二七号によって告示されていたが、それは、平和条約をふまえ、旧沖縄県の行政区画「八重山郡」の管轄範囲をそのまま踏襲したものであった。沖縄への占領行政が始まったとき、沖縄の地位については、さまざまの議論が行なわれたが、尖閣問題についての議論は皆無であったように思われる。当時、当面の課題とされたのは奄美大島の復帰であり、沖縄本島や八重山群島の地位については、日本本土から切り離すさまざまの言説が行われていた。「沖縄の独立」を主張する動きさえ、沖縄諮詢会の投票では二〇票中三票を占めた。尖閣諸島の扱いが突然浮上したのは、沖縄返還交渉の終盤段階からであった。

一般には、この無人島が「尖閣と石油」騒動として問題となり始めたのは、一九六一年のエカフェ（国連アジア極東委員会 ECAFE）の調査報告以後のことと認識されている。すなわち、東海大学新野弘教授が一九六一年、エメリー博士との共同論文「中国東海および南海浅海部の沈積物」（*Geological Society of America, Bulletine*, Vol.172, 1961）で、尖閣列島周辺海域に石油埋蔵の可能性があることを指摘した。その後、一九六七〜六八年、アメリカ海軍の海洋調査船がひそかに調査し、空中より磁気探査を行い、石油埋蔵の可能性を確認したといわれる。その後、エカフェのもとにアジア・オフショア地域における鉱物資源調査の合同委員会（ＣＣＯＰ）が設けられ、一九六八年一〇月一二日〜一一月二九日、東シナ海と黄海で米日台韓の共同調査が行われた。

なるほど当時は経済成長に伴うエネルギー資源の確保が問題になっており、関心がより深まったことは事実である。しかしながら、この無人島は、日中のまさに境界線に位置して、古来海上交通の一経過地点として認識されてきたのであり、この地域に日中境界線を引こうとすると、争いになりやすい場所に位置していた。石油資源が火をつけたのは事実だが、石油報道がないとしても、日中間に境界線を引こうとすれば、必ずここが尖点になる位置にあった。

古賀辰四郎（一八五六―一九一八）がいわゆる「無主地」を発見してから、日本内閣が「先占」を密かに決定する（ただし公表せず）までにおよそ一〇年の歳月を費やしている。この諸島が日中（台）三者の接点という微妙な位置にあるからだ（古賀辰四郎は福岡県八女生まれ。実家は茶の栽培と販売。那覇に渡り、寄留商人として茶と海産物を扱う古賀商庖を開業。一八九五年、日清戦争の終結を受けて、魚釣島、久場島、南小島、北小島の四島を明治政府から無料で借り受け、開拓に従事。一九三二年には辰四郎長男の古賀善次が四島を国から払い下げを受けたが、四〇年頃から戦時色が強まり、島々は放置されて、終戦をむかえた。平岡昭利『アホウドリと「帝国」日本の拡大』明石書店、二〇一二年を参照）。

グラント米元大統領（一八二二―一八八五）が「李鴻章の沖縄三分割提案」（奄美大島までは日本領有、沖縄本島は「中立の独立国」とし、宮古と、石垣島・西表島など八重山は清国領という三分割案）を明治天皇に伝えたのは一八七九年七月四日、古賀辰四郎がいわゆる「無主地」を「発見」し、「国標を立てたい」とする上申書を出したのは一八八五年、閣議決定は上申から一〇年後の一八九五年一月であった。当時は石油資源の話は一切なく、漁業資源やアホウドリの羽が資源として認識されていたにすぎない。

昨今、「石油が出るから騒ぎになった」としばしば語られるが、日清/日中の国境線を引こうとすれば必ずその境界線になり、争奪抗争は避けられない位置に、この島嶼は位置していた。清朝は七歳の光緒帝の代わりに軍機大臣だった恭親王・愛新覚羅奕訢（咸豊帝の弟）がグラント将軍を接待した。

グラントの『世界旅行記』（*Around the World with General Grant*, the American News Co., 1879）で Prince Kung と表記されている恭親王が、天津の直隷総督兼北洋通商大臣・李鴻章とともに、日清間の「琉球所属問題」を持ち出し大いにグラントに訴えた。グラントは清朝のこのメッセージを明治天皇に伝えるために、一八七九年七月四日と八月一〇日、二度にわたって皇居で明治天皇の謁見を受け、その間に内務卿伊藤博文、陸軍卿西郷従道と協議を重ねたのであった（松井順時編『琉球事件』一八八〇年）。ちなみに日本に立ち寄ったグラントが滞在した延遼館は浜離宮の中にあった。明治政府は外賓を迎えるにあたり、幕末に海軍施設として建設された石造の建築「石室」を改修した。一八六九年に延遼館と改名、一八七九年にはジョサイア・コンドル設計により改修し、迎賓施設らしくなった。その後、老朽化のため解体されていたが、二〇二〇年の東京オリンピックに合わせ、現地跡に延遼館を復元することが決定された。

第4節　沖縄返還にかかわる中華民国のクレーム

1　台湾の尖閣諸島の領有権主張

結末をここにあらかじめ提示しておく。沖縄返還交渉の最後の時点で、当時米国と外交関係をもつ台湾政府がニクソン政権に対して、日本への沖縄返還にクレームをつけた。たとえば米国国家安全保障会議のスタッフ、ジョン・ホルドリッジによれば、一九六九年一一月一四日に中華民国が沖縄住民による県民投票によって尖閣返還の是非を確認せよと提案している。この発想はカイロ会談当時に蔣介石が提案した沖縄に対する「中米共同管理」構想の系であることはいうまでもない。というのは日中戦争と戦後処理を通じて、蔣介石は、カイロ会談以来、一貫して沖縄の地位についていくつかの提案を行っており、その延長線上で、沖縄返還にクレームをつけてきていたのだ。

しかしまもなく中華民国は沖縄返還と尖閣諸島を切り離して論ずるようになり、「沖縄返還は是認するが、釣魚台返還には強く反対する」立場を主張するようになった。すなわち蔣介石政府は沖縄返還の内容に釣魚台が含まれることを知った一九七〇年九月一六日、四ページからなる「口上書」を国務省東アジア担当次官補グリーンに提出した。外交慣例からして、この「口上書」自体は公表されていないが、国務省の東アジア太平洋局中華民国担当トマス・シュースミスが、釣魚台の日本管理に反対して台北で学生デモが行われた背景を説明しつつ、要約した文書があり、そこには要旨が次のようにまとめられていた。

「（台北の米国）大使館が判断するには、デモのイニシャチブは政府よりは学生の発意によるものだ。しかしながら政府はおそらくは若者の愛国主義に反対せず暗黙のうちに承認しており、これは米国の対台湾政策と石油開発の一時的禁止措置への不満から生じたものだ。」

学生の抗議デモは米国と香港でも行われた。四月一二日のホワイトハウス録音は、周書楷大使が釣魚台の最終的扱いは未定としておくこと、この問題は中華民国が自らを守る方策だとニクソンに強調したことを示している（*FRUS*, 1969-1976, Volume XVII, p.344）。

釣魚台切り離し論を支える象徴的な動きは、先に紹介した『ニューヨーク・タイムズ』の前掲の意見広告である。これによれば、一九七〇年九月には、釣魚台の主権についてのアメリカにある中立論はこれらの活動家たちも知る情報となっており、それから九ヵ月後に意見広告が実現した。国家安全保障会議のジョン・ホルドリッジがキッシンジャーのために要約した「尖閣／釣魚台に対する中華民国の要求」には、以下のように書かれていた。

キッシンジャー氏が尖閣／釣魚台に対する中華民国の要求に関する情報を求めた。直近の要約は、三月一五日在米中華民国大使館から国務省に届けられた釣魚台に対する中華民国の口上書である。

その要点は以下の通り。――一五世紀の中国の歴史書には、釣魚台が台湾と独立した琉球王国とを隔てるものと考えられていたことが記録されている。――釣魚台列嶼の地質構造は台湾に付属した他の諸島と類似している。釣魚台は琉球よりは台湾により近く、大陸棚の端に位置する沖縄トラフ（海深二〇〇〇米）によって隔てられている。――台湾の漁民は伝統的に釣魚台地域で漁業を行い、これらの諸島を釣魚台列嶼と呼んできた。――日本政府は一八九五年の日清戦争後に台湾と澎湖諸島を獲得するまでは、釣魚台列嶼を沖縄県に編入しなかった。――中華民国はこれまで地域的安全保障の見地から、米国がサンフランシスコ平和条約第三条に基づいて軍事占領を行うことに対して異議申し立てをしなかった。しかしながら国際法によれば、ある地域に対する一時的な軍事占領によってその主権の最終決定が影響されることはない。――琉球列島に対する米国の占領が一九七二年に終了することに鑑みて、米国が釣魚台列嶼に対する中華民国の主権を尊重し、中華民国に返還されるよう要求する（*FRUS*, 1969-1976, Volume XVII. p.296）。

中華民国の駐米大使周書楷は一九七一年四月一二日ニクソンを訪ねて離任の挨拶を行い、次のように脅迫ともとれる発言を行ったことが、国務省の記録に収められている。

――周書楷はそこで釣魚台列嶼の問題を持ち出した。これは中華民国の存亡と関わる。もし台湾が国益を失うならば、知識人や海外華僑は「向こう側に行かざるを得ない」（台湾支持をやめて北京支持に転ずる）と感じるだろう……。釣魚台列嶼が沖縄の一部だとする国務省の言明はすでに暴力的な反発を招いている。それは海外華僑の運動を招くであろう（*FRUS*, 1969-1976, Volume XVII, p.292）。

周書楷大使は、以上の引用から察せられるように、釣魚台列嶼について、もし米国が国民党政権の利益を守らないならば、知識人や華人華僑が大陸の共産党政権の側になびくと警告したのであり、これはほとんど米国を脅迫するにも似た強い主張であったと読める。

2　尖閣をめぐる米政権内での強い異論

では国務省は、中華民国政府の要求を受けて、どのような態度であったのか。国務省のコメントは、以下のごとくであった（*FRUS*, 1969-1976, Volume XVII, pp. 296-297）。

「容易に想定できるように、日本政府もまたこれらの中華民国政府の主張を覆すような論点を挙げて、尖閣諸島は日本のものと主張するであろう。……国務省の立場は一九四五年に琉球と尖閣を占領し、一九七二年に返還するに際して、次のようなものだ。すなわち対立するクレームについては、いかなる部分についても、いかなる判断も行わない。それらは関係諸国間で直接に解決すべきである。」

米国はこうして、日台の対立する要求に判断を行わず、「両者間の直接解決を求める」、米国は日台の争いに対して「中立の立場を保持する」方針に転じたのであった。

この「中立」策を初めて耳にしたキッシンジャーの反応が興味深い。国務省のファイルを整理した編集担当者は、キッシンジャーの見解を次のように紹介した。（ホルドリッジのメモへの）キッシンジャーの手書きメモには「日本に返還しつつ、中立を語るのはナンセンスではないか。より中立的立場は、どのようにして保てるか」と問うている。

キッシンジャーは初めて国務省の原案に接して違和感を抱いたのだ。尖閣諸島を日本に返還する以上は、米国はもはや「中立ではない」と考えたものであろう。そしてキッシンジャーは、米国の「中立の立場」をより明確に打ち出す手はないものかと部下に対案提出を指示したのだ（*FRUS*, 1969-1976, Volume XVII, p.297）。

ちなみに繊維交渉のために日本、台湾、韓国に派遣されたケネディ特使（当時財務長官兼任）の見解は、ピーターソン補佐官（国際経済問題担当）からニクソン大統領へのメモによれば、日本に対してより厳しいものであった。

「釣魚台列嶼は歴史的にも地理的にも沖縄列島の一部ではない。日本への施政権返還は『台湾のメンツ』をつぶすものだ。釣魚台列嶼の帰属問題は係争中であるから、紛争解決まで『米国預かり』とすべきだ。万一、釣魚台列嶼の施政権を一度日本に返還してしまえば、日本がそれを台湾のために譲ることは決してありえないと台湾は強く感じている。私は、『台湾に引き渡せ』というのではない。日本への施政権返還ではなく、むしろ現状維持のために知恵を出してはどうか。」
（*FRUS*, 1969-1976, Volume XVII, p.342）

尖閣諸島の日本返還について、返還直前になってニクソン政権内部で強い異論が生まれていたことが窺われる。こうした紆余曲折の上、六月七日にニクソンが最終的に決断した。

3　返還協定調印直前の決定

ニクソン大統領の補佐官ピーターソンから在台北のディビッド・ケネディ宛てに送った極秘メッセージ（*FRUS*, 1969-1976, Volume XVII, pp.343-345）は、沖縄返還協定に尖閣を含める決定がニクソンによって行われたのは、じつに調印の一〇日前であったことを生々しく伝えている。最終的決断がギリギリまで延びたのは、米国が外交関係を保持していた中華民国の蔣経国総統の強い交渉態度と国際環境によるとみてよい。この極秘資料には、「ケネディ特使限り」「大使親展」と特記されている。

この資料によると、ピーターソン補佐官はケネディ特使宛てに次のように経過を説明している。文書「バックチャネル・メッセージ」は、こう記録している。「バックチャネル」とは、言い得て妙だが、大統領補佐官から「ケネディ特使親展」として特使だけに宛てた極秘メッセージである。「長い議論の挙句、尖閣問題について大統領の下した決断は、こうだ。交渉がここまで進行してきたからには、もはや後戻りはできない（私は電報を示して、重要な箇所を再読した）。大統領は手助けできないことを遺憾に想うが、手助けはしようとしても不可能なのだ」（*FRUS*, 1969-1976, Volume XVII, pp.343-344）。

これを受け取ってケネディ特使は、「六月七日、尖閣の［日本］返還決定を蔣経国に伝えた」のであった。このとき蔣経国は、米国政府が沖縄返還協定の調印時に際して、尖閣の最終的地位（final status）が決定されていないこと、この問題はすべての関係国によって決定されるべきことを「明確に断言する形で（categorically）」言明するよう要求したのであった。

この蔣経国の要求に対して、国務省は真摯に対応した。まずロジャース国務長官から愛知揆一外相との間で行われた六月九日のパリ会談で伝えられた。つまりジョンソン国務次官の指示にしたがって、ロジャースは愛知に「返還協定の調印前に中華民国と協議すること」を求めた。「日本は調印前に台北と話し合いをぜひとも行ってほしい」と強く懇願した。それだけではない。国務省は調印日の六月一七日に尖閣の「対日返還は施政権のみの返還」であること、「主権ではないこと」を改めて明確に内外に言明しつつ、「これは中華民国の潜在請求権を損なうものではない」（*FRUS*, 1969-1976, Volume XVII, p.344.）と特に強調したのであった。

日中・日台の尖閣衝突は、ここに始まる。ダイナマイトはこのときに埋められたのだ。このときの日本外務省と政府の対応はまことにお寒い限りとしか評すべき言葉のない体たらくであった。

問題の核心を理解しつつ、的確な対応をしたとは到底いえないことは四〇余年後に暴露された通りである。

4　アメリカから日本への「懇願」

蒋介石からのクレームに言及しつつ、ロジャース国務長官は一九七一年六月九日、パリで行なわれた愛知揆一外相との会談で、日本側に話を持ち出した。日本国パリ駐在大使館中山賀博大使から外務省本省宛ての極秘電報はこう書いている。

――冒頭、ロジャーズ長官より、（大部分の問題は既に解決を見ているが）若干の点についてお話したいとして、まず尖閣諸島問題につき、国府は、本件に関する一般国民の反応（台湾の世論を指す）

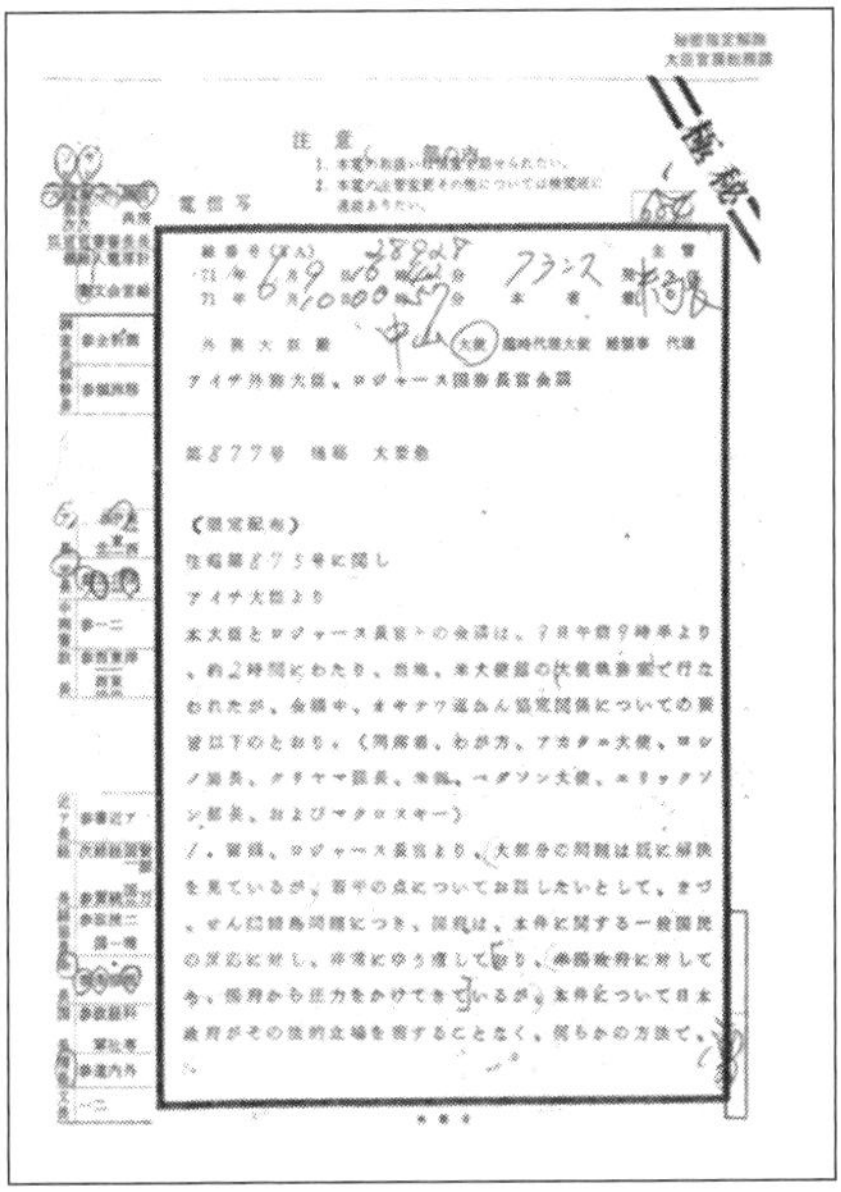
極秘
電信写
アイチ外務大臣、ロジャース国務長官会談
第877号　極秘　大至急
（限定配布）
往電第875号に関し
アイチ大臣より
本大臣とロジャース長官との会談は、9日午前9時半より、約2時間にわたり、当地、米大使館の次席公邸で行なわれたが、会談中、オキナワ返かん協定関係についての要旨以下のとおり。（同席者、わが方、アオキ大使、ヨシノ局長、クリヤマ課長、先方、ヘダソン大使、エリックソン部長、およびマクロスキー）
1．冒頭、ロジャース長官より、大部分の問題は既に解決を見ているが、若干の点についてお話したいとして、まず、せん閣諸島問題につき、国府は、本件に関する一般国民の反応に対し、非常にゆう慮しており、米国政府に対しても、種々圧力をかけてきているが、本件について日本政府がその法的立場を害することなく、何らかの方法で、

図２　愛知・ロジャース会談についての中山・フランス大使から外務省本省宛極秘電報（冒頭）

に対し、非常に憂慮しており（米国政府に対しても、国府から圧力をかけてきている［これは当該極秘電に対する外務省担当官の注釈］）、本件について日本政府がその法的立場を害することなく、何らかの方法で、われわれを助けていただければありがたいと述べ、例えば、本件につきなるべく速やかに話合を行なうというような意思表示を国府に対して行っていただけないかと述べた。これに対し、愛知大臣より、基本的には米国に迷惑をかけずに処理する自信がある。国府に必要とあらば、話をすることは差支えないが、その時期は返還協定調印前ということではなく、一九六九年の佐藤栄作・ニクソン共同声明の例にならい事後的に説明することとなろうと答えた。

この極秘電報において、いま著者が傍点を付した部分の「言い回し」は意味深長である。国務省は日本に対して内政干渉を行う意図はないとして一見、日本の自主性を尊重しつつ（日本政府がその法的立場を害することなく）、台湾との妥協を要求している。「助けていただければありがたい」という「懇願」（外交辞令）のウラに潜む属国に対する「事実上の命令」にも似たニュアンスを読み取るべきであろう。こうしてロジャースは中華民国に対しては「施政権と領有権」の分離返還（すなわち中華民国の主権留保）で了解を求めつつ、日本に対しては「施政権のみ」の返還だと指摘し、かつ、台湾政府との協議を要求した。

あえてもう一つ加えれば、この時点でロジャースは、中華民国に対して行った説明を中華人民共和国に対しても行う手筈を整えていた。そのことは一〇月二七日に上院外交委員会公聴会で行なわれたロジャース報告にも一端が窺える。こうして表向きは日本に対する沖縄返還だが、ニクソン、キッシンジャーの視線は北京に注がれ、これを「台湾切り捨て」と警戒する台北当局への慰撫工作に意を用いていたのであった。

愛知・ロジャース会談についての日本外務省極秘報告から、沖縄返還交渉の最後のツメが読み取れる。尖閣の運命はここで決められたのだ。しかしながら、日本国民は米国の二〇〇〇年（協定以後三〇年で公文書情報は解禁）の情報公開まで何も知らされなかった。ロジャース長官・愛知外相によるパリでの会談の一週間後に沖縄返還協定は調印された。繰り返すが、調印直前の段階で、ロジャース長官が、「米国を助けてほしい」と日本に懇願した形になっている。これは「協定の調印以前に、日本が台湾政府と協議を行ってほしい」というものだ。

愛知外相は「返還協定の調印後に、事後説明を行う」と返答した。中島敏次郎（当時外務省条約課長、のち中国大使）は、台湾への説明について、「知らない」「行われなかった」（中島敏次郎『日米安保・沖縄返還・天安門事件――外交証言録』岩波書店、二〇一二年）旨を語っているが、これは虚偽証言であろう。ピーターソン補佐官がソウル滞在中のケネディ特使に宛てた電報によると「六月一五日東京で愛知外相は尖閣問題を協議するために中華民国駐日大使彭孟緝と会談した」と報告されている（*FRUS*, 1969-1976, Volume XVII, p.344.）。しかしながら米国務省資料を読むと、日台協議は行われたが、物別れに終わったことが明記されている。調印後の七月一二日に蔣経国はマカナヒ大使（台北駐在）に対して「日台協議は行われたが、日本側は主題について意味のある対話を拒否した」(同上)と苦情を述べたことが明記されている。

春名幹男氏は「尖閣領有アメリカは日本を裏切った」(『文藝春秋』二〇一三年七月号)で、台湾との協議についてのロジャース長官の要請について、「会談冒頭とはいえ、極めて抽象的なやり取りで、外務省は虚を衝かれ、アメリカの真意を受け取り損ねたともいえる」と評しているが、それまでの経緯からしてロジャース長官の趣旨は明らかであって、春名氏の評価は日本外務省の重大な責任を免罪するものと本書の著者には思われる。

ロジャース国務長官の「懇願」を軽く扱った日本政府はその後、煮え湯を呑まされることになる。すなわち今日の尖閣紛争において、何ら有効な手段を持たない日本外交のジレンマなのだ。

米国政府は、在米華人や留学生たちが保釣運動のために、『ニューヨーク・タイムズ』で意見広告を行ったこと、中華民国政府からも強い抗議や返還反対の具体的提案(たとえば米軍の射爆撃場の設置など)が届いていたことに留意した事実はすでに触れた。じつは米国政府が当時国交関係にあった中華民国側の動きよりも、はるかに重視していたのは、周恩来の意向であったように見える。

ニクソン・キッシンジャー政権は、沖縄返還の実質から尖閣諸島の扱いを切り離すことの高度に政治的な意味を熟考していたのではないか。表向きは尖閣についての一見「台湾への譲歩」だが、同時にこれは「北京に向けた微笑外交」の側面をもっていた。この裏面は、あたかも隠し絵のように、その後四〇年を経て、いっそう鮮やかに浮かび上がる。

ニクソン政権が台湾の蔣介石政権に対してここまで丁寧な対応を行ったのは、日中戦争当時からカイロ宣言、ポツダム宣言に至るまで同盟軍であり、戦後は反共陣営の最前線の闘士として蔣介石を位置づけてきたおよそ三〇年の同盟関係史を踏まえたものである。そこから「尖閣抜きの沖縄返還」を主張する蔣介石の要求をニクソンはまず拒否したが、その根拠は「沖縄への残存主権をもつ日本」に「そのまま返還する」という論理からにほかならない。こうして日本が沖縄に対してもつ「残存主権」という新造語は、沖縄に対する「米軍統治の合法性」を保証する論理となり、同時にまた「沖縄返還の論理」ともなった。ここまでは論理の世界である。

しかし、この「返還」とは「施政権のみ」の返還にすぎず、主権＝領有権とは、範疇的に区別されることをあえて、強調した。その理由は、蔣介石＝蔣経国父子の強い要求を容れたものである経過がいまや十分に明らかになった。じつは、ここで米国の立場は、表向きは米国が外交関係をもつ中華民国のクレームを受け入れた形だが、ホワイトハウスも国務省も、中華民国に対するサービスはそのまま中華人民共和国へのサービスに直結することを当然ながら計算していたはずだ。

こうして、尖閣返還は「施政権のみ」と限定する論理は、その後米国が日中台関係に介入するうえでのピナクル＝尖角と化した。これは最初から意図した米国の陰謀というよりは、苦し紛れの方便から生まれた「窮余の一策」にすぎないことは、経過を見ればわかる。とはいえ、「窮余の一策」もまた次の展開にとって「重要な布石」に転化できよう。それが外交的知恵の使い所ではないか。

5　沖縄返還をしぶしぶ認めた蔣介石

沖縄返還前夜の一九六七年、返還交渉をめぐり、佐藤首相が蔣介石総統と会談していた。沖縄返還からおよそ三〇年後、二〇〇〇年五月二九日付『琉球新報』は、沖縄返還交渉の原点となった日米共同声明に先立って行われた佐藤・蔣介石会談を次のように報じている。

――沖縄復帰問題が大きく進展した一九六七年一一月の日米首脳会談の二ヵ月前、佐藤栄作首相が台湾で蔣介石総統と会談し、沖縄の日本復帰が実現しても「米国の極東防衛体制の弱体化を招くことは本意ではない」と、沖縄の米軍基地機能を引き続き維持する考えを伝えていたことが、［二〇〇〇年五月］二八日付で公開された外交文書から明らかになった。首相は同年一一月のジョンソン米大統領との会談でこの考えを明確に表明。米側は返還時期や、返還後の基地の態様について言及を避けつつ、沖縄の施政権返還の方針を初めて示した。当時、中国の脅威を深刻に受け止めていた台湾から沖縄返還交渉への了承を得るため、首相は対米交渉方針を事前に伝達した。蔣総統は中国への大陸反攻に理解を求めたが、首相は「憲法は軍事的介入を禁止している」と拒んだ。

会談は九月八日に二回（午後の会談と夜の宴会での対話）行われ、沖縄問題は第二回会談で取り上げられた。

この中で首相は「日本国民、沖縄住民は『沖縄の復帰』を願っている。自分も沖縄復帰を完成せねば、戦後は終わらぬという気持ちを持っている」と切り出し、沖縄返還後も米極東防衛体制を維持する考えを示した。総統は「沖縄問題は合理的に解決する日が来ると思う。しかし、すぐではない。日本国民もそう急がないでもよいのではないか」などと応じた。

蔣介石はこのような言い方で佐藤を牽制したが、そこには黄尾・赤尾礁への米軍の駐留を望む気持ちと、もし返還するならば、そこに一言注文をつけたい思惑が潜んでいたはずである。後者は『蔣介石日記』に明らかだが、日本側はこの側面をほとんど認識できていない。『琉球新報』の解説は続く。

――これに先立つ第一回会談で、総統は中国の核について「アジア諸国は深刻な不安を感じている」などと指摘、中国打倒を訴えた。首相はこの後、東南アジア歴訪を経て訪米。ジョンソン大統領との会談で、沖縄が復帰しても極東の戦略的安全を阻害しない考えを伝え、両三年内に返還時期について合意すべきだと求めた。

これらの事実を解説しつつ、同紙は佐藤の台湾訪問の目的が「沖縄返還に関する台湾の懸念を打ち消す努力をしたという米国向けのアリバイづくりだった」「台湾や韓国は当時、沖縄返還に伴う米軍基地機能の低下を非常に危惧していた。実際、蒋介石総統は会談で間接的に返還に反対している」と解説したが、蒋介石の意向は、これらの報道ではほとんどわからない。

一九六七年九月八日、佐藤との会談を終えて、蒋介石は『日記』にこう記した。

——招宴において佐藤が琉球問題を提起したので、私はこれを存分に話した。事柄の性質は米国の思惑よりも重大だ。名義上台湾は信託管理権を放棄するすべはないが、この問題に佐藤は然りと同意した。

九月九日、昨晩招宴の後、佐藤栄作はソ連問題と琉球問題を再度提起した。私と佐藤、両者の見解は「共産主義の脅威に対する認識では」同じであり、食い違いはない。私が思うに佐藤の政治的言行は比較的実際的であり、私は「琉球の日本返還に反対しない」態度を明言した。わが国民党の政策は、琉球を勝ち取る方針ではないが、（大陸の）共産党は「琉球を中国に帰還させようとする」ばかりでなく、「日本への返還に反対」している。

蒋介石のこの認識は、論理があべこべだ。毛沢東の政権は当時、ソ連の大国主義批判を含意しつつ、蒋介石の「大漢民族主義」を批判して「民族自決」の主張を行っていたのだ。要するに、毛沢東の政権も蒋介石の政権も「琉球を勝ち取る」政策を掲げたことはないが、「琉球を要求せよ」という声は、内外に絶えなかった。帝国主義の時代とは領土争奪の時代であり、講和会議とは、戦勝国による敗戦国の「領土処分」の会議であるからには、領土不拡大の理想は、いつもナショナリズムの挑戦を受けていた。

蔣介石の発言に戻ると、蔣介石の掲げる「大陸反攻を支持できない」という佐藤の態度はもどかしいが、大陸の北京政府がもし「琉球返還」を要求しているならば、蔣介石としてはこれに反対する、すなわち「日本への返還に反対しない」という態度を採る。蔣介石がここで「明言した」と記しているのは、初めて日本側に伝えたことを強調する狙いが読み取れる。逆にいえば、この佐藤会談までは、「蔣介石は沖縄返還に反対」であり、「国連の信託統治か、さもなければ米台による共同管理」を、少なくとも表向きとしては方針としていたことを意味しよう。蔣介石はここで初めてカイロ宣言以来の立場を修正し始めたことになる。

日清戦争の敗北を踏まえて行なわれた下関条約＝馬関条約において、清国は台湾割譲にともない、初めて琉球諸島に対する日本主権を事実上認めた形であった。この際、日本側は、尖閣諸島は沖縄県の行政区画に含まれているという立場から、下関条約において尖閣を含む「琉球列島の日本帰属」を清国が認めたものと理解した。

しかしながら、清国の継承国家である中華民国の蔣介石は一九四三年一一月二三日カイロ会談翌日の『蔣介石日記』に戦後処理案として尖閣を含む琉球を「中華民国と米国の共同管理」とするよう提案していた。なぜか。一九四五年八月の日本投降によって、勝者と敗者の関係が逆転しようとしていた。

中華民国から見ると一〇月一〇日の光復により、五〇年前に敗者として強要された下関条約は見直されることになる。台湾及び澎湖諸島（そして南沙・西沙諸島）の返還は当然のこととして、中華民国は沖縄諸島に対する主権問題にも容喙する立場になった。これは一九四三年中華民国外交部長宋子文の言明以来、日本の敗色が濃くなるにつれてしばしば強調された論点でもあった。

第5節　沖縄返還の内実

1　糸で縄を買った――沖縄返還交渉

沖縄返還をめぐる尖閣の扱いについての台北と北京の攻勢は、一九七一年一〇月末に行われた米上院の外交委員会公聴会に向けて行われた。米国は、台湾の抗議や今後に予想される米中関係の展開を先取りして、慎重に考慮して沖縄返還とは、「施政権の返還」であり、「領有権の返還」ではない、と巧みな二枚舌を用いた。日本政府はこれに対して一片の抗議すらすることなく、単に「米国の事情を忖度《そんたく》する」にとどめた。なんとも歯がゆい従属根性丸出しの奴隷外交であった。他方、これを追及する野党の声も、いささか迫力を欠き、言い放しに終わった。二〇一二年の時点で衝突の発生後に、「歴史的にも国際的にも日本固有の領土」と決まり文句を並べることしかできず、他方米国は「中立」を強調して、沖縄返還交渉での曖昧さはそのまま再現された。「外交不在、政治不在」は極点に達する。

ホルドリッジからキッシジャー宛一九七一年四月一三日メモによると、米国は日台の対立する要求に評価を加えず、両者の解決を求める、すなわち日台の争いに対して「中立」の立場を保持する方針を採用した。ここで「尖閣を日本に返還しつつ」、なおかつ「尖閣の主権については中立の立場」を堅持するという国務省原案を知って、キッシンジャーは、あえて繰り返すが、当初「ナンセンス」と批判した。すなわち「日本に返還しつつ、中立を語るのはナンセンスだ。より中立的立場は、どのようにしたら保てるか」と問うた。このときキッシンジャーは、「尖閣諸島の日本返還案」ではなく、「より米国の中立性を際立たせる案」を模索していたのであった。

沖縄「返還」の過程は、「(基地の)現状維持」であったばかりでなく、日本にとって「返還」というよりは、実際には「購入」であった。日本が基地存続を望んでいるとわかると、米国は日本から引き出す値段を考えた。米国は愛知・ロジャース会談の極秘電報から明らかなように(「65の使途」)、六・五億ドル＝約二三四〇億円を要求し、その使い道について愛知は「リベラルな使用」の容認を約束している。ここに書かれた「リベラルな使用」とは、いかなる意味か。その後、「交渉責任者であった吉野文六外務省元アメリカ局長が核兵器撤去費は日本側だけで決めた積算根拠のない金額であったと暴露した」。

西山裁判で記者が有罪とされた時にマスメディアに登場したのは、四〇〇〇万ドル＝一二億円に過ぎない。返還協定第七条には三・二億ドルと明記されていたが、実際にはその二倍以上であった。日本政府は、いわば「米軍施設改良工事費」等々の「根拠不明なつかみ金で、尖閣抜きの沖縄を買った」ことになる。これが「糸（繊維問題）で縄（沖縄）を買った」物語だ。

『毎日新聞』によると、外務省が二〇一一年二月一八日、一九七二年の沖縄返還に関する日米交渉記録などの外交文書ファイル六〇六冊を一般公開した。一九六九年一〇月二二日付の下田武三駐米大使（当時）の極秘電文によると、米側は、沖縄返還に伴う日本側の財政負担について、一括処理するためとして、積算根拠のない六億五〇〇〇万ドル（当時のレートで約二三四〇億円）を要求していたことがわかった。

のちに『毎日新聞』は「最終的に沖縄返還協定に明記された日本側の支払総額は三・二億ドルだった。だが、実際にはそれ以上の負担を強いられ、米側が制約を受けずに使える金を捻出するのに密約が結ばれた可能性が濃厚となった」と報じた。記事のリードは、「外交文書——米、六億五千万ドル要求 沖縄返還の財政負担」である（http://mainichi.jp/select/seiji/news/20110218k0000e010026000c.html）。『日本経済新聞』もほぼ同趣旨である（「沖縄返還の財政密約、米要求は六・五億ドル　外交文書 返還協定超える負担」http://www.nikkei.com/news/headline/article/g=96958A9C9381948 1E3E5E2E0E48DE3EAE2E0E0E2E3E3E2E2E2E2E2E2）。

著者がここで課題とするのは、「日本の完全主権による沖縄返還」という「表向きの言辞」の裏で、対米従属をより深める結果をもたらした交渉の「内実」を検証する仕事である。「完全主権」（full sovereignty）とは、ダレス流の「残存主権」（residual sovereignty、外務省の定訳では「潜在主権」）とツイになる概念だ。

「残存主権」とは政治性に富むが、法的には無意味な新造語であった。ダレス国務長官は、冷戦構造における西側の陣営作りを意識して、「全面講和（an overall peace treaty）」を排して「片面講和（a one-party treaty）」を選んだ。そのためにこそ、沖縄に対する「日本の残存主権」を設定し、「残存主権をもつ日本」の「同意」を得て、沖縄占領を継続する「形式」が必要となったのであり、比喩的にいえば、帝国主義戦争に敗れた宗主国・日本から沖縄という「事実上の国内植民地」を実力で「剥奪」しつつ、「機が熟すれば、返還に応じてもよいという統治形態」をダレスは選んだ形になる。ダレスの条件選択をこのように分析してくると、対日サンフランシスコ講和とは、徹頭徹尾、ダレス個人のイニシャチブによって差配された事実が明らかになる。

日本は敗戦により、連合国の管理下に置かれた。しかし沖縄の占領行政は、英中ソ三ヵ国を排除して、「米国のみ」が行うためには、「日本との協定」に依拠するという虚構を必要とした。すなわち日本国に対して「残存主権」を認めつつ、「残存主権をもつ日本」との協定の形で沖縄行政を進めた。六〇年代半ばに至り、ベトナム戦争のエスカレーションにより、もはや前線爆撃基地としての沖縄基地の維持が危うくなった時点で、沖縄返還が行われたが、返還の真の狙いは、「米軍基地の温存」であり、いわゆる「核抜き、本土並み」とは、日本国民と沖縄県民の目を欺く虚偽宣伝にほかならない。しかもこのような猿芝居の費用を日本政府が支払わされた。

ここまではガバン・マコーマック『沖縄の〈怒〉――日米への抵抗』あるいはその他、先行著作が分析してきたことである。私がいまこれに加えようとしているのは、ケネディ・ライシャワー路線からニクソン・キッシンジャー路線へと為政者が交代したとき、返還の「内実」にどのような「突然変異」を生じたかである。国際情勢の最も大きな変化は、国連総会において中国代表権問題が結着し、台北政府に代わって北京政府の声が大きくなり始めたことである。それによって新たな様相を帯びることになったのが、「日米中三角関係の頂点（＝尖閣）としての尖閣問題」にほかならない。五つの小島と三つの岩礁からなる尖閣諸島の総面積は、わずか五平方キロに満たないが、四〇年後の今日、日米中三角関係の喉のトゲと化している。

2　中華民国の国連脱退と蔣介石引退

一九七一年半ばに展開された戦後世界の転換劇を象徴する一つは、中華民国の国連脱退、即蔣介石の政治引退である。これをもって蔣介石の中国国民党と毛沢東の中国共産党の国共内戦の国際局面における勝敗に結着がつく。軍事面での結着はすでに一九四九年中華人民共和国の成立によってついていたが、蔣介石の中華民国は「光復大陸」すなわち大陸反攻のタテマエをその後二〇年堅持した。しかしながら大陸反攻に若干の光が見えたのは朝鮮戦争中だけであり、朝鮮休戦以後は、ほとんど希望は消え、台湾海峡は東アジア冷戦の前線として、緊張にさらされ続けた。

米軍の第七艦隊は常時パトロールを維持して蔣介石政権を支え続けた。一時はベトナム戦争の戦火が中国大陸に拡大するかに見えたときさえも、あったとはいえ、一九六〇年代末から七〇年代に入ると、もはや蔣介石流の「大陸反攻」に期待をつなぐものは外部世界には皆無であった。

フランスとカナダは六〇年代央に中華人民共和国と外交関係を結んでおり、この潮流はいまや世界を包もうとしていた。著者自身は一九六九年秋に初めて台湾を訪れ、台北市内で「莒《きょ》に在るを忘れるなかれ（勿忘在莒）」のスローガンに接して、国共内戦の継続を意識させられたが、大陸反攻はそもそも信じていなかったので、単なるアナクロニズムしか感じなかった（「勿忘在莒」は『呂氏春秋・直諫』に見える。紀元前二八四年、燕の将軍楽毅が、斉を攻めた。斉の城がことごとく陥落する中で、莒（山東省莒県）はわずかに残る拠点となったが、その後将軍田単の活躍によって国土を回復した。蔣介石はこの故事を用いて、いまは「台湾という莒」に在るが、大陸反攻の志を忘れるな、と説いた）。

こうして今は昔、「大陸反攻の夢」が一つひとつ消えてゆく最後の砦こそが国連における中国代表権問題にほかならない。蔣介石の政治的運命に引導を渡す意味をもつ中国代表権問題の結着が迫りつつあった時、老いた蔣介石は世界の潮流をどのように認識していたのか。スタンフォード大学フーバー図書館に寄託されている『蔣介石日記』によると、北京とワシントンでピンポン外交が準備されていた当時、蔣介石はこう記した。

「一九七一年四月七日、釣魚台列島問題の政策と処理方針は以下の通り：甲、当該列嶼（釣魚台列嶼）の主権は歴史的にも地理的にも台湾省に属することについて問題はなく、論争の余地はない。」

その趣旨は、一九七〇年九月一六日に周書楷大使を通じて、米グリーン次官補に口上書として手交済みであり、またこれに先立ち中華民国外交部長魏道明が釣魚台は地理的近接さ、測地構造、歴史的背景、台湾漁民が継続的に使用してきたことからして中華民国の一部であると声明していた（中華民国外交部長魏道明、一九七〇年八月二六日付）。

蔣介石日記は続く。

「事実上は米軍が現に占領しており、それをどこの国に帰属させるかはまさに米国がこれを決める。丙、もしそれを一時的に日本に渡すならば、わが方は国際法廷に提起して国際法でこれを解決する。丁、この件の軍事的解決策はありえない。わが方にいまこの列島に駐軍し防衛する能力が欠けており、わが兵力を分散するならば徒に共匪（中国共産党という匪賊）の乗ずるところとなるので、わが現有基地を保てない。戊、わが国策は『光復大陸、拯救同胞』（大陸を取り戻し、同胞を救う）をもって第一とすべきである。」

沖縄返還の前夜、蔣介石がこのような認識をもっていた事実を敗戦国日本としては、十分に認識する必要がある。日本人のほとんどは日華平和条約の締結をもって、中華民国との問題はすべて解決したものとみなしているが、肝心の相手の認識はこのようなものであった。四月一四日、外交部長に就任するため離任した周書楷大使が、大統領ニクソンに大使離任、外相就任の挨拶を行った際の報告によれば、「大統領は特使を派遣して中華民国側との間で国連代表権問題と釣魚台問題を協議したい由だ。余〔蔣介石〕が思うに、これは情をかけるリップサービスだけだ」。

敗軍の将・蔣介石は事態の急変を読み切っていたことがわかる。一週間前の四月七日の時点では、尖閣問題についての基本政策を確認して、処理方針を四カ条に整理していたが、その七日後、一四日付日記では、ニクソンの厳しい対応について「情をかけるだけのリップサービス」と底意を見抜いている。腹心周書楷の帰国報告を通じて、米国大統領が仇敵・中国共産党との関係改善を試みようとしていること、国連代表権問題では最後まで努力するとの伝言にもかかわらず、それはリップサービスにすぎない。この日記を書いた時点で、蔣介石は「光復大陸、拯救同胞」構想の終焉を否応なしに再確認させられたのではないか。

こうして調印日を迎える。蔣介石はつづる。「六月一七日、経児〔父・蔣介石が子・蔣経国を呼ぶ愛称〕と釣魚台列嶼問題を語る。米国はすでに日本にわが方と協議するよう促している。今日は米日が琉球返還に調印する日なり」。

日米間で沖縄返還協定が調印されたその日に、蔣介石が愛児蔣経国に後事を委ねつつ、「釣魚台列嶼問題を語る」と記したことは、含蓄に富む。一つは米日、米中関係の逆風のなかで蔣介石が引退を決意するに至ったこと。一つは米国が半ばリップサービスを含みながらも、蔣介石のクレームを容れて日本との協議を促したとする報告を聞いたからだ。

後者はむろん、ロジャース国務長官がパリで愛知揆一外相に伝えた事実について米国側から報告を受けたことを指す。米側の立場は、「日本へは施政権のみの返還であり、領有権については、中華民国と日本との間で協議されよ」というものであり、この点は蔣介石の要求を米国が呑んだ形であった。だが、米国の打算と思惑は、それにとどまらない。尖閣問題について「領有権を主張し始めた北京」の動向が背景にある事を、蔣介石は国連の代表権問題を通じて、熟知していた。その蔣介石の心境はいかばかりか。まさに「四面楚歌」のなかで、追い詰められる項羽の立場で、後事を蔣経国に託すことになる。

蔣介石は七二年六月肺炎で危篤状態に陥り、その後持ち直したものの、七五年四月五日死去した。享年八七。これを待つかのように周恩来は七六年一月八日死去し、毛沢東は九月九日に死去した。尖閣はこうして、蔣介石から見ると、沖縄に対する「米中共同管理」という見果てぬ夢の最後の尖角であり、毛沢東や周恩来にとっては、台湾統一という大事の前の、当面棚上げするほかには手だてのない小事にすぎなかった。

3 尖閣射爆撃場は台湾の要求

ここで蔣介石の残した置き土産二つを整理しておく。

一つは、一九七一年五月二六日に、米国務省が中華民国に対して公的な覚書を送り、「ワシントンが尖閣諸島の施政権を日本に移転することは、これらの諸島に対する中華民国の主権請求に対して影響するものではない」と約束したことである（*FRUS*, 1969-1976, Volume XVII, p.344.）。さらに一九七一年六月一八日日蒋経国副院長は、日本、台湾、韓国との繊維交渉においては、大統領特使として辣腕を振ったディビッド・ケネディ繊維交渉特使を通じて、国務省に次の一件を約束させた。それは「釣魚台列嶼の最終的状態は未定であり、この問題について日本側に中華民国と協議するよう働きかけること」（同上）であった。

愛知外相はパリでのロジャース会談の際には、「調印後の事後説明」と答えたが、その後日本は中華民国とどのような協議を行ったのか。七月一二日、蒋経国は台北駐在の米国大使マカナヒに対して、「日本は尖閣問題について意味のある協議を拒否している」と苦情を述べたことから、日台協議がものわかれに終わったことを確認できよう（同上）。

この点について中島敏次郎条約課長（当時）は「知らぬ、存ぜぬ」の一点張りである。中島曰く「そういうことがあったのですかね。これとは別に、愛知外相が『もう早くまとめてくれよ』と述べていると条約局長から伝わってきたことはありましたけれども。どう処理したのか、私は全然聞いておりません。愛知さんもその後そんなに経たないで辞められたのではないでしょうか。その後についても、あまり聞きませんでした」（同、岩波証言録）。

もう一つ。中華民国の周書楷駐米大使の後任、沈剣虹大使は一九七一年五月一三日に尖閣に射爆撃場をつくる提案（『蔣経国総統文書』No. 005-010205-00159-015）を行い、翌七二年三月二六日には周書楷外交部長も台北駐在のマカナヒ大使に対して釣魚台列嶼の一部を米軍の射爆撃場とするよう提案（同上）している。前者は返還協定調印の約一ヵ月前であり、後者は返還協定が実行される約二ヵ月前であった。

沖縄選出の照屋寛徳議員の「尖閣諸島と日米地位協定に関する質問主意書」に対して、当時の菅直人首相は二〇一〇年一〇月二二日、尖閣五島（八島のうち岩礁を除く）についてこう答弁した。

「大正島は国有地であり、その他の四島は、民間人が所有している。四島のうち魚釣島、北小島及び南小島は、二〇〇二年四月から国が賃借している」「久場島は、七二年五月から、安全保障条約第六条および日米地位協定第二条に基づき、米軍の使用に供するために、国が賃借している。久場島は民間人一名、大正島は、国が所有している」「前者は『黄尾嶼射爆撃場』、後者は『赤尾嶼射爆撃場』として、米軍による使用が日米で合意された。黄尾嶼射爆撃場及び赤尾嶼射爆撃場は、米軍がその水域を使用する場合は、一五日前までに防衛省に通告することとなっている」「一九七八年六月以降はその通告はなされていない」（から「使用されていない」かもしれないが）「米側から返還の意向は示されておらず、政府としては、両射爆撃場は、引き続き米軍による使用に供することが必要な施設及び区域であると認識している」。

この内閣答弁書はまことに奇怪千万である。まず何よりも、「久場島」に設けられた基地が黄尾嶼（射爆撃場）、「大正島」に設けられた基地が赤尾嶼（射爆撃場）と中国流で呼ばれているのはなぜか。名は体を示していないか。米軍が中国流の呼称を用いていることに対して、日本政府はなぜそれを容認し、返還以後も改めさせないのか。

第二の疑問は、二つの射爆撃場が沖縄返還以後も「Aリスト」に載せられ、基地として継続使用扱いされることになった経緯である。久場島／黄尾嶼は一九五五年以来、大正島／赤尾嶼は一九五六年以来射爆撃場として指定されていたが、一九七二年の返還以後は七八年まで、わずか六年のみ「使われた形」になっている。じつはこれは演習申請書からの推断にすぎず、申請書提出が直ちに演習を意味するものではない。

報道によると、返還以後一度たりとも実際に演習が行われた形跡がないという。これら二つの射爆撃場は、米軍にとって真の軍事的必要から返還対象から外され、基地として残されたのかどうか、疑わしいところがある。ここで改めてピンポン外交に至る米国の対中国大陸政策の軌道修正を点検すべきであろう。ピンポン外交はその後「ニクソン訪中」に大化けした。その前夜には第七艦隊の台湾海峡パトロールを修正するなど、さまざまの緊張緩和措置が、周恩来に宛てたメッセージを裏付ける行為として進行中であったことは、蒋介石とマカナヒ大使との会見記録に明らかだ（*FRUS*, 1969-1976, Vol. XVII, pp. 146-151）。この流れから推して中国大陸に最も近い位置にある久場島／黄尾嶼、大正島／赤尾嶼を射爆撃場として設定しつつ、実際にはこれを使用しないことは、対北京を睨んだ緩和路線に役立つ。すなわち「瓶の蓋」論である。

ニクソン・キッシンジャーは、中華民国に対してはこれらの米軍基地は台湾の安全保障のために米軍が残した基地の徴として、説明した。これは中華民国側がニクソン政権の北京シフトについて台湾政府の安全保障に対する不安を抱いていたからだ。とりわけ尖閣諸島の日本返還に強い抵抗を示し、米軍による留保を求めている立場への配慮措置としては、「基地として継続使用を約束する」ことによって、引き続き米軍の管理下にある姿を示すことの有効性は、当然想定できるであろう。すでに指摘したように、ホルドリッジが国務省原案を提示した際に、キッシンジャーは自家撞着を指摘して、「米国の中立性をより際立たせる手段」を模索した。尖閣を含めて日本に返還するが、尖閣の主権に関わる最終状態（final status）は未定であり、中華民国の潜在主権を認める裏付け措置としては、米軍の事実上の継続管理措置としてきわめて有効な扱いになる。

要するに蔣介石政権の首脳たち（蔣経国、周書楷、沈剣虹ら）をなだめるための保証として、射爆撃場温存を決断したと解してよいのではないか。しかしながら、これらの米軍の基地の役割をニクソン・キッシンジャーは、周恩来に対してどのように説明したか。それこそが有名な「瓶の蓋」論にほかならない。日本軍国主義の復活を危惧する周恩来に対して、これらの米軍基地が維持される限り、日本軍国主義の拡張はここで米軍によって食い止められる。それゆえ、周恩来首相は日本軍国主義の復活を危惧する必要はないと保証したのである。一石二鳥とは、まさにこのような方策である。

あえてもう一度繰り返す。ニクソン政権は最終的に尖閣諸島を含む沖縄を日本に返還したが、同時に中華民国側に対しては「釣魚台の主権問題は日台間で係争中」であり、「主権の最終状態」（final status）は「未定」である旨を台湾側に約束し、日本側にもこの問題で台湾側と協議するよう強い圧力をかけていた。ケネディ特使に至っては、釣魚台のみは沖縄から切り離して、「返還棚上げ・一時米軍預かり」扱いとし、日台で領有権問題が結着した暁に改めて最終処理を行うことさえ提案していた。

このケネディ特使提案に呼応する形で、台湾側は釣魚台列嶼の一部を「米軍の射爆撃場」とする提案を行ったと読むことができよう。そこには二重の意味が込められていた。一つは、米軍が引き続き管理することによって日本への返還を骨抜きにすること。もう一つは中華民国政府の安全保障を守るという「米国の約束」の象徴として「射爆撃場を置き、米軍が引き続き管理する」という意味だ。

これら二つの思惑を込めた「象徴としての米軍基地」だからこそ、そこでは久米島、大正島の名称を使わずに中国島名黄尾嶼、赤尾嶼が残され、しかもその射爆撃場は実際には、その後用いられるには至らなかった。いかにも「象徴」にふさわしい基地ではないか。そしてこの事実に対して、キッシンジャーは北京で周恩来に対して、これらの軍事基地に象徴される日本における米軍の存在こそが、「日本軍国主義の復活を阻止する『瓶の蓋だ』」と説明して見せたのである。

むすび

尖閣問題という「寝た子」を起こすことによって、東シナ海に緊張をもたらし、中国と韓国は、国連大陸棚限界に対して東シナ海における二〇〇カイリを超える大陸棚延伸の提案を申請した（第3章）。それによると、日本との中間線をはるかに超えて、沖縄トラフまでが大陸棚の自然延伸だという。中国の動きに韓国も追随した。この結果、東シナ海の海洋線引き交渉は著しく困難な事態を招いた。日本から見ると、尖閣諸島の実効支配という優位性が失われただけではない。大陸棚の自然延伸が沖縄トラフまで続くことを中国と韓国が正式に申請したことによって日本が想定していた日中韓の中間線による線引きは、これまで想定されていた以上に曲折した交渉を余儀なくされることが明白になった。これによって失われた国益は計り知れない。

それだけではない。「江戸の仇を長崎で討つ」のたとえ通り、中国と韓国は沖ノ鳥島を基点として二〇〇カイリの排他的経済水域や最大三五〇カイリにまでおよぶ大陸棚延伸に猛烈に反対したために、沖ノ鳥島を基点とする大陸棚延伸は中国と韓国が異論を提起しなくなるまで棚上げを余儀なくされた（第2章）。沖ノ鳥島を前提とする日本の申請を審議するという提案は、大陸棚限界委員会で、賛成五票、反対八票、棄権三票で先送りとされたのだ。

それだけではない。岸田外相が二〇一五年のアセアン地域フォーラム閣僚会議で「南沙諸島での中国の島嶼埋め立て」を批判した際に、中国から「埋め立ては日本の手法に学んだもの」と逆襲される始末だ（第1章）。

領海ナショナリズムという劣情に煽られて尖閣問題について間違った政策判断を行った結果、沖縄トラフまでの大陸棚の自然延伸論を誘発し、東シナ海の日中韓・中間線ラインを危うくし、沖ノ鳥島＝岩論を誘発した。これほど有害無益な政策は考えにくい程の愚策、下策ではないか。

［コラム］　領海法制定をめぐる中国外交部と軍部の対立

中国の外交も、当然内政の継続である。外圧は内圧を通して政策に変わり、逆もまた真なりである。とすれば、中国の外交におけるタカ派とハト派との力関係はどうなっているのか。通常は一枚岩に見えるが、大きな争点に際して対立が露呈する事例がある。元共同記者西倉一喜の分析を読んで見よう（西倉一喜「中国領海法制定過程についての再検証――尖閣諸島銘記をめぐる内部対立」『龍谷法学』四八巻一号、二〇一五年一〇月）。一九九二年二月に中国では「中華人民共和国領海および接続水域法」を制定した。当時、中国の外交部と軍部の間で尖閣諸島の銘記をめぐって対立があり、最終的には外交部作成の草案を修正して島名の明記を要求した軍部の主張が通った。一九九二年二月一八日付内部文書「領海法（草案）に関する中央関係部門と地方の意見」（全人代常務委員会弁公室秘書局が作成）に基づく西倉の分析は、中国の権力闘争の核心に迫る。この文書によると、草案第二条は「台湾の付属諸島」を列記していたが、釣魚島の地名が欠けており、それが草案審議で争点となった。

草案原文では、この部分は「中華人民共和国の陸地領土は、中国大陸とその沿岸島嶼、台湾およびその付属各島、澎湖列島、東沙群島、西沙群島、南沙群島とその他中国に属するすべての島嶼」と書かれていた。この表記に反対したのは、中央軍事委員会法制局、総参謀部弁公庁、海軍司令部、広州軍区、国家測量製図局、上海（一部）、天津（一部）、山西、海南の代表であった。反対派代表格の軍事委員会法制局は次の理由を挙げた。

第一に、釣魚島は古来よりわが国固有の領土であり、その戦略および経済上の地位は非常に重要である。第二に、日本側はこの問題についての中国側との口頭での取り決めを率先して破り、実効支配の強化で主導権を握ろうとしている。「このような状況下では、問題に対し、われわれは少しでも曖昧なところがあってはならない」。第三に、立法化を通じて問題を明らかにすることで、この島の帰属問題の解決をめぐる今後の日本側との談判の中で、われわれは主導権を握ることができる。総参謀部弁公庁や海軍司令部の意見もほぼ同趣旨であった。

これに対して外交部は、草案では「台湾およびその付属各島」と書かれており、釣魚島はそれに含まれるので「具体的に明記しないことが適切だ」として、その理由を挙げた。①歴史、地理、従来の表記法からすれば、釣魚島は台湾の付属諸島とみなされる。②領海法に明記しないとしても、その他の方法で釣魚島に対する主権を主張し、国際的な誤解を呼ばないようにすることができる。③日本の領海法は領土構成について述べていないため、釣魚島には触れていない。しかし、海上保安庁白書などには日本帰属が明記されている。立法に当たりこの点を考慮すべきである。④わが国の指導者は、繰り返し日本側に釣魚島に対する主権を言明するとともに「主権棚上げ共同開発」を表明してきた。当面の国際情勢および中日関係の中で、われわれは一面で領土主権を防衛するとともに、もう一面で外交上の摩擦をできるだけ減らさなければならない。日本との矛盾衝突を避け、有利な国際環境の確保に務めることは、わが国の根本的利益に合致し、領土主権の保全に有利となる。

孤立した外交部は最後に、草案通りに採択できないのであれば、①草案からすべての島嶼名を削除するか、②釣魚島を明記して、『台湾および釣魚島を含む付属島嶼』と修正するか、二つの選択肢を示した。後者が選択され、外交部は軍部に敗北した。こうして釣魚島の領有を中国の国内法に初めて明記した。ちなみに一九五八年に中国は「領海声明」を宣言していたが、この声明は釣魚島を明記せず、「台湾およびその付属島嶼」という表記にとどまっていた。

西倉によると、全人代はその後、公式ホームページにおいて、領海法審議結果の報告を公表した（中国人大网 www.npc.gov.cn　全国人大法律委员会对《中华人民共和国领海及毗连区法（草案）》审议结果的报告——一九九二年二月二〇日）。この報告には、草案に誰が反対したかは書かれていないが、草案とその修正部分が明記されており、西倉の分析の正しさを確認するものと読める。ところで、中国政治を読む上で興味深いのは、尖閣諸島の明記が鄧小平の「主権棚上げ論」や「韜光養晦」論と矛盾する点をどう読むか、である。その背景について西倉は領海法草案修正の時期は鄧小平の南巡講話（一九九二年一～二月）と重なっており、鄧小平の側に「領海法に目配りする余裕がなかった」。それとともに「軍事委員会主席のポストを引き継いでいた江沢民が軍部主導の強硬路線を後押しした可能性」を指摘している。すなわち江沢民は「脆弱な権力基盤固めのために軍部の支持を取り付ける必要があり、軍部の要求に応じた」と分析している。これは著者の見方と基本的に同じだ。著者は江沢民が鄧小平路線を継承していないことをしばしば論じてきたが、元共同通信記者の到達した分析と一致したのは喜ばしい。一言でいえば、弱い指導者江沢民は軍部に妥協し、領海ナショナリズムに溺れたのである。

おわりに――「領海ナショナリズム」という妖怪――

ギリシア神話に登場する海神トリトンは、海神ポセイドーンとアムピトリーテーの息子であり、深淵よりの使者とされ、人間の上半身と魚の尾を持つ人魚のような姿で描かれる。トリトンという名は「世界を構成する第三のもの」であり、母のアムピトリーテーと同じく海そのものを意味する。日本では金比羅様が海上交通の守り神として信仰されており、漁師、船員など海事関係者の崇敬を集める。海上保安庁の掃海殉職者慰霊祭も毎年、金刀比羅宮で開かれ、境内の絵馬殿には航海の安全を祈願した多くの絵馬が見られる。中国なら道教の女神・媽祖が航海や漁業の守護神として、中国沿海部を中心に信仰を集めている。それぞれの国々がその海神を信仰し、神々の平和共存が成り立つのが静かな海の姿であろう。ところがそこに領海ナショナリズムという妖怪が現れると、妖怪変化はツナミのように伝染して他の海神たちを一挙に妖怪に変身させるから恐ろしい。

二〇世紀九〇年代の初めに旧ソ連が解体し、冷戦が終わった。ところがそこで突如立ち現れたのが大小の海洋ナショナリズムである。東アジアではいわゆる台湾海峡の危機が喧伝され、空母インデペンデンスやニミッツの出番となった。それと相前後して中国は領海法をめぐって、タカ派の軍部とハト派の外交部が争った。タカ派の論拠は日本軍国主義に対抗するため、というものであったが、仮想敵扱いされた日本のタカ派は、尖閣を奪われたら、次に奪われるのは沖縄本島だ、と煽動した。

すべては「ニワトリとタマゴの関係」であり、悪循環、負の連鎖は止まるところを知らない。加えて国連海洋法は大陸棚延長の申請を各国に呼びかけたので、いずれも「海域画定申請」のための海洋調査に乗り出し、隣り合う諸国、向かい合う諸国で疑心暗鬼が生まれた。その結果が今日の百鬼夜行、魑魅魍魎の世界だ。

この妖怪どもを鎮めないと平和が脅かされる。非力を顧みず、領海ナショナリズムに挑戦した。読者のご批判を待つ。

二〇一六年桜の散る日に、矢吹晋

謝辞。海洋法条約という「法」は、法律というよりは国連海洋会議「諸協定」と呼ぶ方が中身に合う規定群から成る。著者はこの分野の素人であるが、隣国関係の緊急性を痛感してあえて挑戦した。本書が読むに堪える内容になっているとすれば、それはすべて柴田章氏の丹念な編集作業によるものであり、厚く感謝しつつ擱筆する。

敗戦・沖縄・天皇

——尖閣衝突の遠景

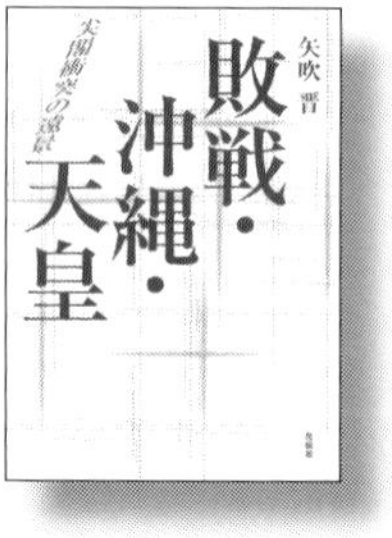

矢吹 晋 著

（本体価格　2400 円＋税）

●米軍の沖縄占領はいかに正当化されたのか？

中国抜きに締結された片面講和のツケとしての尖閣衝突……新たに公開された米国務省資料を駆使して解明される講和条約の深謀。

改めて注目される朝河貫一の「天皇の受動的主権」。

チャイメリカ

——米中結託と日本の進路

矢吹 晋 著

（本体価格　2200 円＋税）

●同床異夢——チャイメリカ＝米中結託＝協調体制こそが核心

中国に財布を握られているアメリカは、中国とは戦えない。

中国経済に深く依存する日本も、中国を敵にすることは不可能だ。

中国を仮想敵国とした日米安保は無用であり、すみやかに条件を整えて廃止すべきだ。激動の中国を読む！

尖閣問題の核心

――日中関係はどうなる

矢吹 晋 著
（本体価格　2200 円＋税）

●紛争の火種となった外務省の記録抹消・改ざんを糺す！
尖閣紛争をどう解決するか。
「棚上げ合意」は存在しなかったか？
日中相互不信の原点を探る。日米安保条約は尖閣諸島を守る保証となりうるか？

尖閣衝突は沖縄返還に始まる

——日米中三角関係の頂点としての尖閣

矢吹 晋 著

（本体価格　2500 円＋税）

●なぜアメリカは、尖閣の領有権問題で中立なのか？
なぜ「沖縄返還」は、「領有権返還」ではなく「施政権返還」だったのか？
なぜ周恩来は、日中国交回復交渉で尖閣棚上げを提起したのか？
なぜ中国・台湾は、アメリカの尖閣ミサイル射爆場設置に抗議しないのか？
知られざる日米沖縄返還交渉の舞台裏と尖閣衝突の起源。

矢吹 晋（やぶき・すすむ）

1938年生まれ。東京大学経済学部卒。東洋経済新報社記者、アジア経済研究所研究員、横浜市立大学教授を経て、横浜市立大学名誉教授。㈶東洋文庫研究員、21世紀中国総研ディレクター、朝河貫一博士顕彰協会代表理事。

著書
『文化大革命』（1989年）『毛沢東と周恩来』（1991年）『朝河貫一とその時代』（2007年）『〈図説〉中国力（チャイナ・パワー）』（2010年）『劉暁波と中国民主化のゆくえ』（2011年）『チャイメリカ――米中結託と日本の進路』（2012年）『尖閣問題の核心』（2013年、中訳、社会科学文献出版社、2015年）『尖閣衝突は沖縄返還に始まる』（2013年、中訳、社会科学文献出版社、2016年）『敗戦・沖縄・天皇――尖閣衝突の遠景』（2014年）『対米従属の原点――ペリーの白旗』（2015年）他多数。

南シナ海領土紛争と日本

2016年6月25日　初版第1刷発行

著者 ――矢吹　晋
発行者 ―平田　勝
発行 ――花伝社
発売 ――共栄書房
〒101-0065　東京都千代田区西神田2-5-11出版輸送ビル2F
電話　03-3263-3813
FAX　03-3239-8272
E-mail　kadensha@muf.biglobe.ne.jp
URL　http://kadensha.net
振替 ――00140-6-59661
装幀 ――水橋真奈美（ヒロ工房）
印刷・製本 ―中央精版印刷株式会社

Ⓒ2016　矢吹晋
本書の内容の一部あるいは全部を無断で複写複製（コピー）することは法律で認められた場合を除き、著作者および出版社の権利の侵害となりますので、その場合にはあらかじめ小社あて許諾を求めてください
ISBN978-4-7634-0782-5 C0031

東アジア領海ナショナリズム略年表

年	事　項
1565 年	スペイン船サンペドロ号が沖ノ鳥島を発見し、「パレセベラ」と名付ける
1868 年	戊辰戦争
1869 年	8月、蝦夷地を北海道、北蝦夷地を樺太州と改称
1875 年	日露交渉により北海道確定、千島諸島領有。北方領域画定
1876 年	列国への通告により小笠原諸島領有。東方領域画定
1877 年	調査により朝鮮との国境画定。西方領域画定
1879 年	武力占拠により琉球併合
1879 年	7月～8月、米グラント元大統領が清朝からの琉球処分反対メッセージを明治天皇に伝えるために、2度にわたって明治天皇の謁見を受ける
1880 年	琉球分島案をめぐる日清交渉不成立
	1889 年～1945 年、帝国主義日本の領土拡大期（57 年）
1889 年	2月、大日本帝国憲法公布、11 月施行
1891 年	7月、硫黄島領有を閣議決定
1894 年	日清戦争（～95 年)、尖閣諸島を占拠編入し、台湾を併合する。日清間の琉球帰属問題は「自然消滅」の形となる。南方領域画定
1895 年	1月、尖閣諸島領有を閣議決定
1898 年	7月、南鳥島領有を閣議決定
1900 年	9月、沖大東島（ラサ）領有を閣議決定
1901 年	1月、米国政府の問い合わせに対して、日本外務省はミッドウェー島、ウェーク島［ハワイとグアムの中間］の領有意思なしと返答
1904 年	日露戦争（～05 年)
1905 年	1月、閣議決定により竹島を編入、7月樺太占領、8月ポーツマス条約、11 月日韓協約、日清条約
1908 年	7月、「中ノ鳥島」領有を閣議決定したが、のちに存在しないことが判明
1909 年	11 月、東沙群島を清国に引き渡す。日本（西沢の燐鉱採取事業）が得た物件の財産補償は広東銀 16 万テール、清国への経費支払いは3万テール
1931 年	5月「島嶼所属名称ニ関スル件」で「沖ノ鳥島」と名付け、領有を閣議決定。東京府小笠原支庁に編入（内務省告示第 163 号)
1938 年	12 月、新南群島（スプラトリー）の領有を閣議で決議し、内外に通告
1939 年	沖ノ鳥島に気象観測所と灯台の建設工事（太平洋戦争勃発で中断)
1941 年	12 月、日本、真珠湾攻撃、コタバル上陸で対米英蘭戦争開始

1943年	11月、中華民国の蔣介石がカイロ会談翌日の『日記』に尖閣を含む琉球の「中華民国と米国の共同管理」を提案したと記す
1945年	7月、米英中首脳のポツダム宣言 8月8日、ソ連が対日宣戦布告、9日対日攻撃開始。9月3日歯舞諸島を占領 9月、ベトナム民主共和国建国

1946年～1970年、敗戦、沖縄占領期（25年）

1946年	1月、「若干の外廓地域を政治上行政上日本から分離することに関する覚書」により、沖ノ鳥島等は日本の行政権を離れ、GHQの直接統治下に置かれる 7月、フィリピン独立 12月、中華民国、南沙諸島イツアバ島を占領し「太平島」と命名
1952年	1月、韓国、竹島を占拠 4月、サンフランシスコ講和条約が発効、沖縄、奄美は米国の施政権下におかれる（南樺太と千島諸島を放棄）。同日、日華平和条約に調印（台北）、第2条で新南群島（スプラトリー）の領有を放棄、帰属先不問
1953年	12月、奄美群島の施政権を日本に返還
1956年	10月、日ソ国交正常化により、歯舞、色丹の2島返還確約（ダレスが4島返還案を対置して、実現せず。以後日本政府は「4島から成る北方領土」なる新語を用いる）
1968年	6月、小笠原諸島の返還にともなって、沖ノ鳥島が米国より日本に返還
1970年	9月、国務省マクロスキー報道官、米国は尖閣の主権問題で中立を保つと言明 9月、中華民国（台北）が釣魚島の日本返還に反対する口上書を米国に提出

1971年～2009年、沖縄返還以後、尖閣騒動へ（39年）

1971年	5月23日、『ニューヨーク・タイムズ』、在米華人たちの意見広告「保衛釣魚台」を掲載 6月9日、ロジャース長官と愛知揆一外相とのパリ会談で沖縄返還交渉が決着、17日調印 7月、キッシンジャー秘密訪中 10月25日、国連総会が中華人民共和国（北京）の招請を決議 10月27日、米上院外交委員会公聴会でロジャース国務長官が沖縄返還協定を報告（施政権の返還、主権は関係国で協議を） 12月30日、中国、釣魚島／尖閣諸島に関する外交部声明 フィリピン、ティツ島を実効支配
1972年	5月9日、中華民国、釣魚島／尖閣諸島に関する外交部声明 9月、田中訪中、毛沢東、周恩来と会談し、国交正常化。尖閣問題は棚上げ

1974年　1月、ベトナム戦争末期、中国解放軍が西沙諸島西半分に侵攻し、南ベトナム政府軍を排除して西沙全体を占領し、実効支配（東半分は1956年から実効支配）
ベトナムが長沙島（狭義のスプラトリー）を実効支配
1978年　8月8日、園田直外相が訪中して、鄧小平と日中平和条約をまとめる。尖閣棚上げを再確認
10月、鄧小平が平和条約批准書交換のために訪日し、プレスセンターで記者会見し、尖閣の共同開発を語る
1979年　マレーシアがスワロー礁を実効支配
1982年　4月、国連海洋法条約が採択（1983年日本が調印）
9月20日、英サッチャー首相が訪日、鈴木善幸首相と首脳会談で尖閣棚上げを語り合う
12月、中国、海洋法に調印、1996年5月15日に批准
1983年　3月、韓国、海洋法に調印、1996年1月29日施行
1985年　ユネスコ海洋学委員会が全球海面水位観測システムを開始。世界で約300の検潮所を登録させ、中国は西沙と南沙に各1個所設ける
1987年　海上保安庁水路部が巡視船・航空機などで調査を行い、沖ノ鳥島に露岩が２つしか残っていないことが明らかとなり、国による沖ノ鳥島護岸等の設置工事（2回目、1993年）
1988年　1月、ハワイ大学ヨン・ヴァン・ダイク教授が、『ニューヨーク・タイムズ』紙で、沖ノ鳥島は、岩なので排他的経済水域を持てないと見解
1月、中国南海艦隊護衛艦552号宜賓が永暑礁に海洋観測站建設のため上陸、3月14日中国海軍531号鷹潭と556号湘潭が到着。ベトナム軍604号輸送船から43名が赤瓜礁に上陸、中国軍58人と銃撃戦。ベトナム軍が敗北し撤退（～3月）
3月、中国人民解放軍機関紙『解放軍報』が蔡文貽「島礁、海洋および民族の未来」で沖ノ鳥島埋め立てを先例として、南シナ海の人工島作りを解説
1992年　2月、中国、領海法を制定し、釣魚島領有を明記（日本が反発）
5月、米クレストン社ランドル・トムスンが中国海洋石油と探鉱区（萬安北21、WAB-21）のリース契約に5万ドルで調印
1994年　5月、ベトナムとロシアの合弁会社ベトソヴペトロが掘削装置タムダオをヴァンガード堆に移動させる
11月、国連海洋法条約が発効
1995年　1月、ミスチーフ礁で中国軍とフィリピン軍が衝突
11月、フィリピン海軍は仙娥礁＝Alicia Annie Reefで漁業に従事していた中国漁民20名を拘留し、投獄。98年後半～99年初、中国、ミスチーフ礁に鉄筋コンクリート3階建ての建築物を4棟建造し、江湖級護衛艦が防衛
1996年　3月8日、中国のミサイル実験と米軍空母の出動により、いわゆる台湾海峡危機発生（～25日）
6月2日、日本、「領海及び接続水域に関する法律」を改正、「排他的経済

水域及び大陸棚に関する法律」を公布。沖ノ鳥島周辺海域に排他的経済水域を設定

6月20日、日本が国連海洋法条約の94番目の締結国となる（同年、中国も締結）。

1999年　6月、沖ノ鳥島、建設省による直轄管理区域に指定され、チタン製防護ネットによる東小島の防護工事を実施

2002年　2月、王緝思が『人民日報』で核心利益というキーワードを論じる

11月、ASEANと中国が「南シナ海における行動宣言DOC」採択

2003年　中国が、日本政府に対し、沖ノ鳥島周辺への排他的経済水域設定に異議を唱える（2004年にも同様の異議を唱える）

2005年　8月、海保が沖ノ鳥島への灯台設置を決定

2006年　2月、ハワイ大学ヨン・ヴァン・ダイク教授が竹島放棄による日韓和解案を提唱

2007年　7月、海洋基本法施行

2008年　1月、エクソンモービルはペトロベトナムと覚書を交わし、鉱区156、157、158、159の探鉱に着手。ベトナム沿岸から500キロで中国との係争地域に食い込む

8月、エクソンモービルは香港に10億ドルの液化天然ガス施設を建設する合弁計画を中国側からキャンセルされる。同社がベトナム中部沿岸近くの鉱区117、118、119のリース契約の協議をベトナムと始めたため

10月、エクソンモービルが契約した鉱区156、157、158、159はロシアのガスプロムにリースされることが決定

11月、日本が大陸棚限界委に沖ノ鳥島を基点とする海域等の大陸棚延伸を申請、

2009年　3月、海南島の楡林潜水艦基地の南東140キロの海域で米海軍情報収集艦「インペッカブル」が中国国家海洋局海監の船舶等に包囲される

5月12日、中国が国連に対して、大陸棚延伸についての初歩的データを送り、九段線地図が初めて国連の場に登場

5月12日、韓国が国連に対して、大陸棚延伸についての初歩的データを送る

5月、マレーシアとベトナム、大陸棚限界委に対して、両国間の線引き提案を合同で行う。フィリピンは北ボルネオについて主権を主張

日本政府が、沖ノ鳥島を基点とする200カイリを超える範囲の大陸棚の設定を大陸棚限界委員会に申請。これに対し、中国、韓国が異議を唱える口上書を同委員会に提出（2011年にも同様の異議提出）

大陸棚限界委でロッコール島の帰属争いが棚上げ。これは2011～2015年継続され、今日に至る

2010年～2016年、尖閣騒動が南シナ海を動かす

2010年　同年後半、中国の圧力のもとで、BP（英国石油）とコノコフィリプスは、九段線内側での探鉱を中止

11月、漁船衝突で日中が対立した当時、洪磊外交部報道官が質問を受け

たが、釣魚島について肯定も否定もしなかった
11月、元駐日本大使陳健委員、日本記者団と特別会見を行い、「南シナ海は『中国の核心利益である』というのは、正しくない。南シナ海には中国の核心利益があるというのが正しい。南シナ海全体が中国の核心利益だと主張してはいない」と説明

2011年 3月、フィリピンの探査船がパラワン島沖160キロの浅水域で探査中に中国海監監視船の妨害
5月、ペトロベトナムの探査船がベトナムのニャチャン沖東120キロ地点で鉱区148の探査中に、中国の海監12号、17号、84号に妨害されて、ストリーマーケーブルを切断
6月、中国の漁政303号と301号がペトロベトナムの探査船バイキング号のストリーマーケーブルを切断。中国当局はのちに自己防衛のためと主張
7月、ASEAN諸国と中国がDOCを実施するためのガイドラインを発表
10月、エクソンモービルとペトロベトナムが結んだ生産分与契約の鉱区118で有望なガス田を発見

2012年 1月、米国防総省が「統合作戦アクセス構想」を発表し、エアシーバトル・コンセプト（空海戦闘構想）を提起
2月、米コノコフィリプスが鉱区5.2、5.3を手離し、ベトナムから完全撤退
4月、大陸棚限界委が対日勧告。四国海盆海域の大陸棚延伸は認められたが、沖ノ鳥島を基点とする九州パラオ海嶺南部海域は、先送り（審議の是非に、賛成5票、反対8票、棄権3票、3分の2に届かず）
4月、マニラで米比合同軍事演習に対する反米デモ、同日スカボロー礁併合に対して反中デモ
7月、海南省三沙市の設立大会と除幕式が西沙諸島の永興島で行われ、三沙市が正式に中国285番目の地級市に
8月、ボルネオ沖のマレーシアEEZ内で事件があり、11月30日にはベトナムの「ビンミン02」が鉱区113でケーブルを切断
9月11日、日本政府が尖閣諸島の一部を買い上げ国有化措置
12月14日、中国が沖縄トラフまでの大陸棚延伸を大陸棚限界委に申請。日本は2013年1月12日、この申請を限界委が検討しないよう要請
12月26日、韓国が沖縄トラフまでの大陸棚延伸を申請。日本は2012年12月28日この申請を限界委が検討しないよう要請

2013年 1月、フィリピンは、ハーグの仲裁裁判所に対して、中国の主張する九段線は国連海洋法条約違反であり、「フィリピンの領海基線から12カイリを領海、200カイリをEEZ」として、九段線は認められないと訴える
同年前半、米シェヴロンが鉱区122の権利を手離し、ベトナムから撤退

7月、日本政府口上書、中国・韓国の申請書の審議をしないように申し入れ
10月4日、砕氷船「アークティック・サンライズ」号（グリーンピースの活動家30人乗船）がロシアの掘削プラットフォーム「プリラズロームナヤ」を襲撃したかどで逮捕され、オランダが海洋法裁判所に提訴。ロシアは12月26日に恩赦で乗組員を釈放するとともに、2014年2月27日付覚書で「仲裁参加拒否」を声明

2014年　3月、大陸棚限界委から日本への回答書（機密保護問題）
3月、沖ノ鳥島で進められている特定離島港湾施設整備事業において桟橋が転覆して、7名が死去、4名が負傷
5月、中国が西沙諸島の近海で石油掘削を行い、ハノイ等で反中デモ
8月、日本政府口上書、中国委員の情報漏洩疑惑（アモイ大学シンポジウム事件）
12月、フィリピンの提起した「南シナ海管轄権の仲裁問題」に反論した中国の立場についての文件を発表。93項目から成る長大な文書
12月、機密解除されたサッチャー文書のなかに、サッチャー鈴木善幸会談で尖閣棚上げに言及あり
同年後半、中国が「岩礁の埋め立てによる島作り」を実行し、①永暑礁＝ファイアリー・クロス、②渚碧礁＝スビ、③美済礁＝ミスチーフに滑走路を1本ずつ建設（〜15年前半）

2015年　3月、中国、国家海洋局を再編し、海上での取り締まり強化などを目的とした「中国海警局」が発足、国家海洋局・公安部辺防海警・農業部中国漁政・税関総署海上密輸警察を再編し、国土資源部のもとに新たな国家海洋局を設置
9月3日、天安門広場前で習近平が軍事パレードを閲兵
10月、米軍、南シナ海へイージス艦「ラッセン」を派遣し、米中対立を演出
10月、ハーグの仲裁裁判所は「仲裁裁判所に管轄権なし」とする中国の主張（2014年12月）を退けて、審理に入ることを決定
10月、中国外交部報道官、陸慷がハーグ仲裁裁判所の仲裁を受け入れないと言明

2016年　1月、新華社によると、中国は2日に永暑礁の3000メートル級滑走路で初の試験飛行を実施。6日午前にも、航空機2機が試験飛行。ベトナム外務省は主権侵害と抗議
1月27日、米太平洋軍ハリス司令官がCSISで「中国から攻撃されれば、米国は尖閣諸島を防衛する」と強硬発言（30日のウィルバー号派遣の背景解説か）
1月28日、台湾の馬英九総統が太平島を視察
1月29日、米国務省がキャンベル国務次官補発クリントン国務長官宛てメール（2012年9月3日）を公開。キャンベルは佐々江賢一郎外務次官に対して、尖閣国有化について「中国側との事前協議」を求めたことが判明

1月30日、米イージス艦ウィルバー号が西沙諸島の中建島＝トリトン島12カイリ内を「無害通航」。中国国防部は抗議

2月、中国軍、七大軍区制から五大戦区（東部・西部・南部・北部・中部）に再編

5月、米議会の米中経済・安保委員会の調査報告が、中国の通常弾頭搭載型ミサイルは米グアム基地に届く能力をもつと指摘

5月10日、米海軍のイージス駆逐艦がファイアリー・クロス礁周辺で「航行の自由作戦」を行い、中国を牽制

5月27日、安倍首相がG7を主導して中国を牽制したことに対して、中国が猛反発

資料）国連海洋法大陸棚限界委員会CLCSのホームページ、ハーグのICJ仲裁裁判所のホームページほか、内外の報道、名嘉憲夫『領土問題から「国境画定」問題へ』明石書店、2013年、等から著者が作成。

巻末資料

海洋法に関する国際連合条約

【目次】

【海洋法条約・関連条項】

第10条　湾

1　この条は、海岸が単一の国に属する湾についてのみ規定する。

2　この条約の適用上、湾とは、奥行が湾口の幅との対比において十分に深いため、陸地に囲まれた水域を含み、かつ、単なる海岸のわん曲以上のものを構成する明白な湾入をいう。ただし、湾入は、その面積が湾口を横切って引いた線を直径とする半円の面積以上のものでない限り、湾とは認められない。

3　測定上、湾入の面積は、その海岸の低潮線と天然の入口の両側の低潮線上の点を結ぶ線とにより囲まれる水域の面積とする。島が存在するために湾入が二以上の湾口を有する場合には、それぞれの湾口に引いた線の長さの合計に等しい長さの線上に半円を描くものとする。湾入内にある島は、湾入の水域の一部とみなす。

4　湾の天然の入口の両側の低潮線上の点の間の距離が24海里を超えないときは、これらの点を結ぶ閉鎖線を引き、その線の内側の水域を内水とする。

5　湾の天然の入口の両側の低潮線上の点の間の距離が24海里を超えるときは、24海里の直線基線を、この長さの線で囲むことができる長大の水域を囲むような方法で湾内に引く。

6　この条の規定は、いわゆる歴史的湾について適用せず、また、第7条に定める直線基線の方法が適用される場合についても適用しない。

第55条　排他的経済水域の特別の法制度

排他的経済水域とは、領海に接続する水域であって、この部に定める特別の法制度によるものをいう。この法制度の下において、沿岸国の権利及び管轄権並びにその他の国の権利及び自由は、この条約の関連する規定によって規律される。

第56条　排他的経済水域における沿岸国の権利、管轄権及び義務

1　沿岸国は、排他的経済水域において、次のものを有する。

a. 海底の上部水域並びに海底及びその下の天然資源（生物資源であるか非生物資源であるかを問わない。）の探査、開発、保存及び管理のための主権的権利並びに排他的経済水域における経済的な目的で行われる探査及び開発のためのその他の活動（海水、海流及び風からのエネルギーの生産等）に関する主権的権利

b. この条約の関連する規定に基づく次の事項に関する管轄権

i. 人工島、施設及び構築物の設置及び利用

ii. 海洋の科学的調査

iii. 海洋環境の保護及び保全

c. この条約に定めるその他の権利及び義務

2　沿岸国は、排他的経済水域においてこの条約により自国の権利を行使し及

び自国の義務を履行するに当たり、他の国の権利及び義務に妥当な考慮を払うものとし、また、この条約と両立するように行動する。

3　この条に定める海底及びその下についての権利は、第6部の規定により行使する。

第57条　排他的経済水域の幅

排他的経済水域は、領海の幅を測定するための基線から200海里を超えて拡張してはならない。

第58条　排他的経済水域における他の国の権利及び義務

1　すべての国は、沿岸国であるか内陸国であるかを問わず、排他的経済水域において、この条約の関連する規定に定めるところにより、第87条に定める航行及び上空飛行の自由並びに海底電線及び海底パイプラインの敷設の自由並びにこれらの自由に関連し及びこの条約のその他の規定と両立するその他の国際的に適法な海洋の利用（船舶及び航空機の運航並びに海底電線及び海底パイプラインの運用に係る海洋の利用等）の自由を享有する。

2　第88条から第115条までの規定及び国際法の他の関連する規則は、この部の規定に反しない限り、排他的経済水域について適用する。

3　いずれの国も、排他的経済水域においてこの条約により自国の権利を行使し及び自国の義務を履行するに当たり、沿岸国の権利及び義務に妥当な考慮を払うものとし、また、この部の規定に反しない限り、この条約及び国際法の他の規則に従って沿岸国が制定する法令を遵守する。

第59条　排他的経済水域における権利及び管轄権の帰属に関する紛争の解決のための基礎

この条約により排他的経済水域における権利又は管轄権が沿岸国又はその他の国に帰せられていない場合において、沿岸国とその他の国との間に利害の対立が生じたときは、その対立は、当事国及び国際社会全体にとっての利益の重要性を考慮して、衡平の原則に基づき、かつ、すべての関連する事情に照らして解決する。

第60条　排他的経済水域における人工島、施設及び構築物

1　沿岸国は、排他的経済水域において、次のものを建設し並びにそれらの建設、運用及び利用を許可し及び規制する排他的権利を有する。

a. 人工島

b. 第56条に規定する目的その他の経済的な目的のための施設及び構築物

c. 排他的経済水域における沿岸国の権利の行使を妨げ得る施設及び構築物

(中略)

8　人工島、施設及び構築物は、島の地位を有しない。これらのものは、それ自体の領海を有せず、また、その存在は、領海、排他的経済水域又は大陸棚の境界画定に影響を及ぼすものではない。

第76条　大陸棚の定義

1　沿岸国の大陸棚とは、当該沿岸国の領海を越える海面下の区域の海底及びその下であってその領土の自然の延長をたどって大陸縁辺部の外縁に至るまでのもの又は、大陸縁辺部の外縁が領海の幅を測定するための基線から200海里の距離まで延びていない場合には、当該沿岸国の領海を越える海面下の区域の海底及びその下であって当該基線から200海里の距離までのものをいう。

2　沿岸国の大陸棚は、4から6までに定める限界を越えないものとする。

3　大陸縁辺部は、沿岸国の陸塊の海面下まで延びている部分から成るものとし、棚、斜面及びコンチネンタル・ライズの海底及びその下で構成される。ただし、大洋底及びその海洋海嶺又はその下を含まない。

4

a. この条約の適用上、沿岸国は、大陸縁辺部が領海の幅を測定するための基線から200海里を超えて延びている場合には、次のいずれかの線により大陸縁辺部の外縁を設定する。

i. ある点における堆積岩の厚さが当該点から大陸斜面の脚部までの最短距離の1パーセント以上であるとの要件を満たすときにこのような点のうち最も外側のものを用いて7の規定に従って引いた線

ii. 大陸斜面の脚部から60海里を超えない点を用いて7の規定に従って引いた線

b. 大陸斜面の脚部は、反証のない限り、当該大陸斜面の基部における勾

配が最も変化する点とする。

5　4 (a) の (i) 又は (ii) の規定に従って引いた海底における大陸棚の外側の限界線は、これを構成する各点において、領海の幅を測定するための基線から350 海里を超え又は 2500 メートル等深線（2500 メートルの水深を結ぶ線をいう。）から 100 海里を超えてはならない。

6　5の規定にかかわらず、大陸棚の外側の限界は、海底海嶺の上においては領海の幅を測定するための基線から 350 海里を超えてはならない。この6の規定は、海台、海膨、キャップ、堆及び海脚のような大陸縁辺部の自然の構成要素である海底の高まりについては、適用しない。

7　沿岸国は、自国の大陸棚が領海の幅を測定するための基線から 200 海里を超えて延びている場合には、その大陸棚の外側の限界線を経緯度によって定める点を結ぶ 60 海里を超えない長さの直線によって引く。

8　沿岸国は、領海の幅を測定するための基線から 200 海里を超える大陸棚の限界に関する情報を、衡平な地理的代表の原則に基づき附属書 II に定めるところにより設置される大陸棚の限界に関する委員会に提出する。この委員会は、当該大陸棚の外側の限界の設定に関する事項について当該沿岸国に対し勧告を行う。沿岸国がその勧告に基づいて設定した大陸棚の限界は、最終的なものとし、かつ、拘束力を有する。

9　沿岸国は、自国の大陸棚の外側の限界が恒常的に表示された海図及び関連する情報（測地原子を含む。）を国際連合事務総長に寄託する。同事務総長は、これらを適当に公表する。

10　この条の規定は、向かい合っているか又は隣接している海岸を有する国の間における大陸棚の境界画定の問題に影響を及ぼすものではない。

第 77 条　大陸棚に対する沿岸国の権利

1　沿岸国は、大陸棚を探査し及びその天然資源を開発するため、大陸棚に対して主権的権利を行使する。

2　1の権利は、沿岸国が大陸棚を探査せず又はその天然資源を開発しない場合においても、当該沿岸国の明示の同意なしにそのような活動を行うことができないという意味において、排他的である。

3　大陸棚に対する沿岸国の権利は、実効的な若しくは名目上の先占又は明示の宣言に依存するものではない。

4　この部に規定する天然資源は、海底及びその下の鉱物その他の非生物資源並びに定着性の種族に属する生物、すなわち、採捕に適した段階において海底若しくはその下で静止しており又は絶えず海底若しくはその下に接触していなければ動くことのできない生物から成る。

第 121 条　島の制度

1　島とは、自然に形成された陸地であって、水に囲まれ、満潮時においても水面上にあるものをいう。

2　3に定める場合を除くほか、島の領海、接続水域、排他的経済水域及び大陸棚は、他の領土に適用されるこの条約の規定に従って決定される。

3　人間の居住又は独自の経済的生活を維持することのできない岩は、排他的経済水域又は大陸棚を有しない。

附属書 II　　大陸棚の限界に関する委員会

(以下、海洋政策研究所「大陸棚資料集」訳による)

第 1 条

条約第 76 条の規定により、200 海里を超える大陸棚の限界に関する委員会は、以下の諸条に定めるところにより設置される。

第 2 条

1　委員会は、21 人の委員で構成される。委員は、締約国が衡平な地理的代表を確保する必要性に妥当な考慮を払って締約国の国民の中から選出する地質学、地球物理学又は水路学の分野の専門家である者とし、個人の資格で職務を遂行する。

2　第 1 回の選挙は、この条約の発効の日の後できる限り速やかに、いかなる場合にも 18 箇月以内に行う。国際連合事務総長は、選挙の日の遅くとも 3 箇月前までに、締約国に対し、適当な地域的な協議の後に自国が指名する者の氏名を 3 箇月以内に提出するよう書簡で要請する。同事務総長は、指名された者のアルファベット順による名簿を作成し、締約国に送付する。

3　委員会の委員の選挙は、国際連合事務総長により国際連合本部に招集される締約国の会合において行う。この会合は、締約国の 3 分の 2 をもって定足数とする。この会合においては、出席しかつ投票する締約国の代表によって

投じられた票の３分の２以上の多数の票を得た指名された者をもって委員会に選出された委員とするものとし、いずれの地理的地域からも３名以上の委員を選出する。

4　委員会の委員は、５年の任期で選出されるものとし、再選されることができる。

5　委員会の委員の指名を行った締約国は、当該委員が委員会の任務を遂行する間その費用を負担する。関係する沿岸国は、次条1(b)の助言に関して生ずる費用を負担する。委員会の事務局は、国際連合事務総長が提供する。

第３条

1　委員会の任務は、次のとおりとする。

(a)　大陸棚の外側の限界が200海里を超えて延びている区域における当該限界に関して沿岸国が提出したデータその他の資料を検討すること並びに条約第76条の規定及び第三次国際連合海洋法会議が1980年８月29日に採択した了解声明に従って勧告を行うこと。

(b)　関係する沿岸国の要請がある場合には、(a)のデータの作成に関して科学上及び技術上の助言を与えること。

2　委員会は、委員会の責任の遂行に役立ち得る科学的及び技術的情報を交換するため、必要かつ有用であると認められる範囲において、国際連合教育科学文化機関（UNESCO）の政府間海洋学委員会（IOC）、国際水路機関（IHO）その他権限のある国際機関と協力することができる。

第４条

沿岸国は、条約第76条の規定に従って自国の大陸棚の外側の限界200海里を超えて設定する意思を有する場合には、この条約が自国について効力を生じた後できる限り速やかに、いかなる場合にも10年以内に、当該限界について詳細をこれを裏付ける科学的及び技術的データと共に、委員会に提出する。沿岸国は、また、科学上及び技術上の助言を自国に与えた委員会の委員の氏名を示すものとする。

第５条

委員会は、別段の決定を行わない限り、その勧告を求める沿岸国の要請の具体的な要素を考慮して均衡のとれた方法で任命する７人の委員で構成される小委員会により任務を行う。要請を行った沿岸国の国民である委員会の委員並びに限界の設定に関する科学上及び技術上の助言を与えることにより沿

岸国を援助した委員会の委員は、当該要請を取り扱う小委員会の委員とはならないが、当該要請に関する委員会の手続に委員として参加する権利を有する。委員会に要請を行った沿岸国は、関連する手続に自国の代表を投票権なしで参加させることができる。

第６条

１　小委員会は、その勧告を委員会に提出する。

２　委員会は、出席しかつ投票する委員会の委員の３分の２以上の多数による議決により、小委員会の勧告を承認する。

３　委員会の勧告は、要請を行った沿岸国及び国際連合事務総長に対し書面によって提出する。

第７条

沿岸国は、条約第 76 条８の規定及び適当な国内手続に従って大陸棚の外側の限界を設定する。

第８条

沿岸国は、委員会の勧告について意見の相違がある場合には、合理的な期間内に、委員会に対して改定した又は新たな要請を行う。

第９条

委員会の行為は、向かい合っているか又は隣接している海岸を有する国の間における境界画定の問題に影響を及ぼすものではない。

サンフランシスコ平和条約（日本国との平和条約）

第２条

（ａ）　日本国は、朝鮮の独立を承認して、済州島、巨文島及び鬱陵島を含む朝鮮に対するすべての権利、権原及び請求権を放棄する。

（ｂ）　日本国は、台湾及び澎湖諸島に対するすべての権利、権原及び請求権を放棄する。

（ｃ）　日本国は、千島列島並びに日本国が千九百五年九月五日のポーツマス条約の結果として主権を獲得した樺太の一部及びこれに近接する諸島に対するすべての権利、権原及び請求権を放棄する。

（ｄ）　日本国は、国際連盟の委任統治制度に関連するすべての権利、権原及び

請求権を放棄し、且つ、以前に日本国の委任統治の下にあつた太平洋の諸島に信託統治制度を及ぼす千九百四十七年四月二日の国際連合安全保障理事会の行動を受諾する。

（e） 日本国は、日本国民の活動に由来するか又は他に由来するかを問わず、南極地域のいずれの部分に対する権利若しくは権原又はいずれの部分に関する利益についても、すべての請求権を放棄する。

（f） 日本国は、新南群島及び西沙群島に対するすべての権利、権原及び請求権を放棄する。

日華平和条約（日本国と中華民国との間の平和条約）

第２条

日本国は、千九百五十一年九月八日にアメリカ合衆国のサン・フランシスコ市で署名された日本国との平和条約（以下「サン・フランシスコ条約」という。）第二条に基き、台湾及び澎湖諸島並びに新南群島及び西沙群島に対するすべての権利、権原及び請求権を放棄したことが承認される。

「釣魚島に関する中国外交部声明」1971年12月30日付

（『北京周報』1972年第1号、1971年12月30日付に掲載）

日本佐藤政府は近年来、歴史の事実と中国人民の激しい反対を無視して、中国の領土釣魚島などの島嶼にたいして「主権をもっている」と一再ならず主張するとともに、アメリカ帝国主義と結託してこれらの島嶼を侵略・併呑するさまざまな活動をおこなってきた。このほど、米日両国の国会は沖縄「返還」協定を採決した。この協定のなかで、米日両国政府は公然と釣魚島などの島嶼をその「返還区域」に組み入れている。これは、中国の領土と主権にたいするおおっぴらな侵犯である。これは中国人民の絶対に容認できないものである。

米日両国政府がぐるになってデッチあげた、日本への沖縄「返還」というペテンは、米日の軍事結託を強め、日本軍国主義復活に拍車をかけるための

新しい重大な段取りである。中国政府と中国人民は一貫して、沖縄「返還」のペテンを粉砕し、沖縄の無条件かつ全面的な復帰を要求する日本人民の勇敢な闘争を支持するとともに、米日反動派が中国の領土釣魚島などの島嶼を使って取引をし、中日両国人民の友好関係に水をさそうとしていることにはげしく反対してきた。

釣魚島などの島嶼は昔から中国の領土である。はやくも明代に、これらの島嶼はすでに中国の海上防衛区域のなかに含まれており、それは琉球、つまりいまの沖縄に属するものではなくて、中国の台湾の付属島嶼であった。中国と琉球とのこの地区における境界線は、赤尾嶼と久米島とのあいだにある。中国の台湾の漁民は従来から釣魚島などの島嶼で生産活動にたずさわってきた。日本政府は中日甲午戦争を通じて、これらの島嶼をかすめとり、さらに当時の清朝政府に圧力をかけて1895年4月、「台湾とそのすべての付属島嶼」および澎湖列島の割譲という不平等条約－「馬関条約」に調印させた。こんにち、佐藤政府はなんと、かつて中国の領土を略奪した日本侵略者の侵略行動を、釣魚島などの島嶼にたいして「主権をもっている」ことの根拠にしているが、これは、まったくむきだしの強盗の論理である。

第2次世界大戦ののち、日本政府は不法にも、台湾の付属島嶼である釣魚島などの島嶼をアメリカに渡し、アメリカ政府はこれらの島嶼にたいしていわゆる「施政権」をもっていると一方的に宣言した。これは、もともと不法なものである。中華人民共和国の成立後まもなく、1950年6月28日、周恩来外交部長は中国政府を代表して、アメリカ帝国主義が第7艦隊を派遣して台湾と台湾海峡を侵略したことをはげしく糾弾し、「台湾と中国に属するすべての領土の回復」をめざす中国人民の決意についておごそかな声明をおこなった。いま、米日両国政府はなんと不法にも、ふたたびわが国の釣魚島など島嶼の授受をおこなっている。中国の領土と主権にたいするこのような侵犯行為は、中国人民のこのうえない憤激をひきおこさずにはおかないであろう。

中華人民共和国外交部は、おごそかにつぎのように声明するものである——釣魚島、黄尾嶼、赤尾嶼、南小島、北小島などの島嶼は台湾の付属島嶼である。これらの島嶼は台湾と同様、昔から中国領土の不可分の一部である。米日両国政府が沖縄「返還」協定のなかで、わが国の釣魚島などの島嶼を「返還区域」に組み入れることは、まったく不法なものであり、それは、釣魚島などの島嶼にたいする中華人民共和国の領土の主権をいささかも変えうるものではな

いのである、と。中国人民はかならず台湾を解放する！　中国人民はかならず釣魚島など台湾に付属する島嶼をも回復する！

参照文献

邦文

阿南友亮（2007）「海洋をめぐる日中関係」『岐路に立つ日中関係』晃洋書房。

飯田将史（2007.9）「南シナ海問題における中国の新動向」『防衛研究所紀要』10巻1号。

池島大策（2010）「国連海洋法条約における島の法的地位と紛争解決手続」、*Waseda Global Forum*, No. 7。

池島大策（2012）「国連海洋法条約への参加をめぐる米国の対応」『米国内政と外交における新展開』所収、日本国際問題研究所、2013年3月。

岩下明裕（2005）『北方領土問題』中央公論新社。

植田義夫（1974）「地磁気・重力異常からみた伊豆—小笠原弧の構造とテクトニクス」、*Geol. Soc. Am. Bull.*, 85.

榎孝浩（2013.3）『海洋開発をめぐる諸相、排他的経済水域及び大陸棚における海洋の科学的調査、調査報告書』国立国会図書館調査及び立法考査局。

岡田充（2012）『尖閣諸島問題——領土ナショナリズムの魔力』蒼蒼社。

奥原敏雄（1970）「尖閣列島の法的地位」、季刊『沖縄』52号。

海上保安庁（2013）「領海・EEZを守る海上保安庁」『海上保安レポート』。

加地良太（2011.1）「沖ノ鳥島をめぐる諸問題と西太平洋の海洋安全保障」『立法と調査』321号、参議院事務局。

加地良太（2012.12）「沖ノ鳥島を基点とする大陸棚限界延伸申請への勧告」『立法と調査』335号、参議院事務局。

河村雅美（2012.6）「大陸棚限界委員会CLCS勧告と沖ノ鳥島の戦略的重要性〜中国の接近・地域拒否（A2/AD）戦略への我が国の対応」『海洋安全情報月報』。

倉持一（2014.11）「中国の海洋進出と我が国の対応策に関する一考察」『海洋情報特報』海洋政策研究財団。

栗林忠男・秋山昌廣編著（2006）『海の国際秩序と海洋政策』（海洋政策研究叢書1）東信堂。

小谷俊介（2013.11）「南シナ海問題における中国の海洋進出および海洋権益維

持活動について」『レファランス』。

佐藤考一（2010）「南シナ海の地図上のU字線をめぐる問題」『境界研究』1号。

清水美和（2003）『中国はなぜ反日になったのか』文春新書。

芹田健太郎（2010）『日本の領土』中央公論新社。

園田直（1981）『世界　日本　愛』第三政経研究会。

高橋美野梨（2011）「北極利権問題とデンマーク」『境界研究』第2号。

竹田純一（2013）「中国の海洋政策——海洋強国目標への軌跡と今後」『島嶼研究ジャーナル』第2巻2号。

鶴田順（2013.3）『沿岸国における調査規制法の執行可能性、排他的経済水域及び大陸棚における海洋の科学的調査、調査報告書』国立国会図書館調査及び立法考査局。

鄧小平（1978.10.25）「未来に目を向けた友好関係を、鄧小平中国副首相」日本記者クラブ記者会見。

中内康夫（2012.11）「尖閣諸島をめぐる問題と日中関係」『立法と調査』334号、参議院事務局。

長岡さくら（2010）「大陸棚限界委員会への延伸申請と第三国の対応」『駿河台法学』24巻1-2合併号。

中島敏次郎（2012）『日米安保・沖縄返還・天安門事件——外交証言録』岩波書店。

名嘉憲夫（2013）『領土問題から国境画定問題へ』明石書店。

倪志敏（2014.5）「釣魚島（尖閣諸島）領有権問題に関する日本政府の主張を検証する」『龍谷大学社会科学研究所年報』44号。

西倉一喜（2015）「中国領海法制定過程についての再検証」『龍谷法学』48巻1号。

濱川今日子（2006.6）「東シナ海における日中境界画定問題」『調査と情報』547号、国会図書館。

原貴美恵（2005）『サンフランシスコ平和条約の盲点』渓水社［Hara, Kimie（2007）*Cold War Frontiers in the Asia-Pacific: Divided Territories in the San Francisco System*, Routledge.］。

平松茂雄（1997）『続・中国の海洋戦略』勁草書房。

ヘイトン、ビル（2015）『南シナ海——アジアの覇権をめぐる闘争史』安原和見訳、河出書房新社［Hayton, Bill（2014）*The South China Sea: The Struggle for Power in Asia*, Yale University Press.］。

孫崎享（2011）『日本の国境問題』筑摩書房。

松井順時編（1880.2）『琉球事件』。

松葉真美（2002）「大陸棚と排他的経済水域の境界画定」『レファレンス』。

村田忠禧（2013）『日中領土問題の起源』花伝社。

村田忠禧（2015）『史料徹底検証・尖閣領有』花伝社。

矢吹晋（2012）『チャイメリカ――米中結託と日本の進路』花伝社。

矢吹晋（2013）『尖閣問題の核心』花伝社。

矢吹晋（2013）『尖閣衝突は沖縄返還に始まる』花伝社。

矢吹晋（2014）『敗戦・沖縄・天皇』花伝社。

山口信治（2014.8）「習近平政権の対外政策と中国の防空識別区設定」『NIDS NEWS』8-9 月号、防衛研究所。

吉田靖之（2015）「南シナ海における中国の『九段線』と国際法」『海幹校戦略研究』6 月。

李国強（2010）「中国と周辺国家の海上国境問題」『境界研究』1 号。

林泉忠（2013.11）「尖閣問題から視た日中台関係と東アジアの将来（講演）」、龍谷大学民族学研究会主催の講演会。

英文

Bateman, Sam (2014) 'Maritime Boundary Delimitation, Excessive Claims and Effective Regime Building in the South China Sea', *Major Law and Policy Issues in the South China,* Sea Farnham, Surrey, England ; Ashgate.
Campbell, Kurt M.(2012.9.20) 'Maritime Territorial Disputes and Sovereignty Issues in Asia', Testimony Before the Senate Foreign Relations Committee Subcommittee on East Asian and Pacific Affairs, Washington, DC.
Chemillier-Gendreau, Monique(2000) 'Sovereignty over Paracel and Spratly Islands', *Kluwer Law International*.
Claget, Brice M.(1996) 'Antagonistic claims of Vietnam and China for the Tu Chinh and Thanh Long Banks in the East Sea', National Politics Publishing House, Hanoi, 1996.
Drifte, Reinhard(2015) 'Approaches to resolving the disputes in the East China Sea', Yoneyuki Sugita ed., *Toward a More Amicable Asia-Pacific Region: Japan's Roles,* Lanham, MD: University Press of America.
Dutton，Peter A. (2011) 'Three Disputes and Three Objectives' *Naval War College*

Review, Autumn, Vol. 64, No. 4.

Dutton, Peter A.(2014) 'An Analysis of China's Claim to Historic Rights in the South China Sea', *Major Law and Policy Issues in the South China Sea,* Sea Farnham, Surrey, England ;Ashgate.

Dyke, Jon M. Van (1988.1.21) 'Letter to the Editor, Speck in the ocean Meets law of the Sea', *N.Y. Times,* at A26.

Dyke, Jon M. Van(2003) 'The North/South Korea Boundary Dispute in the Yellow (West) Sea', *Marine Policy* 27.

Dyke, Jon M. Van(2006.2) 'Reconciliation between Korea and Japan', *Chinese Journal of International Law*, Oxford University Press.

Dyke, Jon M. Van(2006.7)An Introduction to the Rights of the Native Hawaiian People, *HAWAII BAR JOURNAL.*

Dyke, Jon M. Van, Mark J. Valencia, Noel A. Ludwig(1997) *Sharing the resources of the South China Sea,* Martinus Nijhoff publisher.

Dzurek, Daniel J.(2013.2) 'The Spratly Islands Dispute: Who's On First?' *International Boundaries Research Unit,* Volume 2, Number 1.

Fitzmaurice, G.(1954) 'The laws and statutes of the International Court of Justice, 1951-1954 ', BYIL 1954, vol. 30.

Franckx, Erik, Benatar, Marco(2010.11) 'Dotted China's' Lines in the South China Sea: Fishing for (legal) Clarity', Document delivered at an international seminar on the East Sea in Ho Chi Minh City in November 2010.

Gao, Zhi-guo, Jia, Bing-bing(2013) 'The Nine-Dash Line in the South China Sea: History, Status, and Inplications', *The American Journal of International Law,* vol. 107.

Goyer, Peter de, Keyzer, Jacob de, 'An Embassy from the East? India company united Provinces to the Grand Tartar Cham Emperor of China', Menzies Library, Australia.

Grant, Ulysses Simpson(1879) *Around the World with Genral Grant,* the American News Co.

Hirose, Hajime, 'Japan's Effective Islands Control of the Senkaku Islands', *REVIEW OF ISLAND STUDIES.*

Hoang, Viet(2013.9) 'China's "U-Shaped Line" Claim in the East Sea, Formation', History and Legal Arguments, Posted by Southeast-Asian-Sea.

Kave, Stuart(1996) 'Australia's Maritime Boundaries', Wollongong Papers in Maritime Policy No.4, Centre for Maritime Policy, University of Wollongong, 1996.

Keatley, Robert, Anne Solomon(2012.12.31) 'After Ping Pong Before Kissinger ', *China File*.

Li, Jinming (2003) 'The Dotted Line on the Chinese Map of the South China Sea: A note', *Ocean Development & International Law,* 34:287-295.

Lin, Cheng-yi (2014) 'Confidence-Building Measures in the South China Sea and Implications for US-Taiwan-China Relations', *Major Law and Policy Issues in the South China Sea,* Sea Farnham, Surrey, England ; Ashgate.

Lo, Chi-Kin(1989) *China's policy towards territorial disputes,* Routledge.

Nguyen, Hong Thao(2001) 'Vietnam and the Code of Conduct for the South China Sea', *Ocean Development and International Law,* Vol. 32, No. 2.

Niino, H., Emery, K. O.(1961) 'Sediment of Shallow Portions of East China Sea and South China Sea', Geological Society of America, *Bulletine,* Vol.172.

Pan, Shiying (1996.7) 'The petro-politic of the Nansha islands-China's indisputable legal case', *Economic Information & Agency.*

Pham, Hoang Quan(2011) 'Records relating to Vietnam's East Sea in Chinese history books', *China Study Magazine,* No. 6.

Rogers, Sec. of States(1971) 'Okinawa Reversion Treaty, Hearings before the Committee of Foreign Relations', United States of Senate, Ninety-Second Congress, First Session on Ex. J.92.1.

Song, Yann-huei (2014) 'Possibility of US Accession to the LOS Convention and its Potential Impact on State Practices and Maritime Claims in the South China Sea', *Major Law and Policy Issues in the South China,* Sea Farnham, Surrey, England ; Ashgate.

Song, Yann-huei, Wang, Kuan-hsiung (2010) 'The ROC's Maritime Claims and Practices with Special Reference to the South China Sea', *Ocean Development and International Law,* vol. 41.

Song, Yann-huei, Yu, Kien-hong (2014) 'China's "historical waters" in the South China Sea: an analysis from Taiwan', *American Asian Review* , Vol. 12, No. 4, Winter.

Suganuma (2000) *Sovereign Rights and Territorial Space in Sino-Japanese Relations:Irredentism and the Diaoyu/Senkaku Islands,* University of Hawaii Press.

Sun, Kuan-Ming (1995) 'Policy of the Republic of China Towards the South China Sea:

Recent Developments', *Marine Policy,* vol. 19.

Tennesson, Stein (2014) 'Could China and Vietnam Resolve the Conflicts in the South China Sea? ', *Major Law and Policy Issues in the South China,* Sea Farnham, Surrey, England ; Ashgate.

Thatcher and Suzuki(1982.9.20) 'Thatcher and Suzuki on Senkaku', Tokyo, Prime Minister's Office, CONFIDENTIAL, Hong Kong.

Torode, Greg(2011.5.30) 'Disputed Islands are prized catch', *South China Morning Post.*

Tran, Truong Thuy(2011) 'The South China Sea Towards a Region of Peace, Security and Cooperation', Editor: Tran Truong Thuy, pp.405, http://www.thegioipublishers.com.vn.

United State Department of States(2014.12) 'China's Maritime Claims in the South China Sea', *Limits in the Seas,* No.114.

United State Department of States, Office of Oceans and Public Affairs(1992.3.9) 'United States Responses to the Excessive National Maritime Claims', *Limits in the Seas,* No.112, *International Law Studies,* Vol. 66, Naval War College, 1994.

Urabe, Tetsuro(2012) 'The mission and practice of the Commission on the Limits of the Continental Shelf (CLCS)', The Thirtieth Anniversary of the UNCLOS from the Perspective of the CLCS.

Valencia, Mark J. , Jon M. Dyke, Van Ludwig, Noel A. (1997) *Sharing the resources of the South China Sea,* Martinus Nijhoff publisher.

Valero, G.M.C (1993) 'Spratly archipelago: is the question of sovereignty still relevant?' IILS, University of the Philippines, Law Centre.

Wang, Kuan-hsiung(2010) 'The ROC's Maritime Claims and Practices with Special Reference to the South China Sea', *Ocean Development and International Law,* vol.41.

Yu, Kien-hong(1994) 'China's "historical waters" in the South China Sea: an analysis from Taiwan', *American Asian Review* , Vol. 12, No. 4, Winter.

Zhao, Guo-cai (1999) 'Analysis of the Sovereign Dispute over the Spratlys under the Present Law of Sea', *Asian Review,* vol. 9.

Zou, Ke-yuan(1991) 'The Common Heritage of Mankind and the Antarctic Treaty System', *Netherlands International Law Review,* 173-98.

Zou, Ke-yuan(1995) 'Policy of the Republic of China Towards the South 60 Southeast Asian studies China Sea: Recent Developments' *Marine Policy,* vol. 19.

Zou, Ke-yuan(1999) 'The Chinese Traditional Maritime Boundary Line in the South China Sea and Its Legal Consequences for the Resolution of the Dispute over the Spratly Islands', *THE INTERNATIONAL JOURNAL OF MARINE AND COASTAL LAW.*

Zou, Ke-yuan(2005) Re-quote Erik Franckx & Marco Benatar, *Dotted Lines in the South China Sea:Law of the sea in East Asia,* Routledge.

Zou, Ke-yuan(2014) 'Bringing the South Pole to the South China Sea: Towards the Establishment of an International Regime for Peace and Security', *Major Law and Policy Issues in the South China,* Sea Farnham, Surrey, England ; Ashgate.

中文

海洋法記者（2014. 7. 22）「領海法出台明硝表述釣魚島」『中国海洋報』。

焦永科（2007. 3. 20）「弘扬海洋文化、发展海洋经济」『中国海洋報』。

刘赐贵（2012. 1）「国家海洋局局长刘赐贵应邀赴国家行政学院作报告」来源：海洋局网站。

刘赐贵（2013. 6）「刘赐贵在中共中央党校作报告时指出、要坚决维护我国海洋权益」国家海洋局。

羅援少将（2010. 8. 10）「美航母若進黄海将激怒中国民意」『環球時報』。

王缉思（2015. 9. 25）「“两个秩序”下、中美如何共同进化」『中国新聞周刊』。

趙理海（1982）「从日韩共同开发大陆棚协定看东海大陆棚问题」『国际法学论集』法学杂志社。

周恩来（2007）『周恩来年譜』中央文献出版社。